UNGERECHTIGKEIT IM NAMEN DES VOLKES

Ingo Lenßen

INGO LENßEN

UNGERECHTIGKEIT IM NAMEN DES VOLKES

Deutschlands bekanntester
Strafjurist klagt an

INHALT

VORWORT

Warum habe ich dieses Buch jetzt geschrieben? Und warum geht es in diesem Buch nicht nur um die Sicht eines Strafverteidigers, der verpflichtet ist, für seine Klienten möglichst niedrige Strafen zu erreichen? Letztendlich ausschlaggebend war ein Fall, den ich selbst als Vertreter der Nebenklage mit meinen Mandanten erlebt hatte. Der jugendliche Haupttäter war nicht nur mit einem in meinen Augen sehr milden Urteil „davongekommen", sein Verhalten nach dem Urteil – er zeigte den Eltern des von ihm getöteten Opfers am Ausgang des Gerichtsgebäudes den Mittelfinger – bewies auch, dass der Erziehungsgedanke des Jugendstrafrechts hier wohl nie greifen würde. Ich wusste nicht, wie ich das meinem Mandanten, dem Vater des Opfers, der sein Kind verloren hatte, klarmachen sollte. Und mir wurde wieder einmal bewusst, wie wichtig mein Engagement für den WEISSEN RING, der sich für Opfer von Kriminalität einsetzt, ist. Ich begann, mir Gedanken darüber zu machen, ob „das Volk", in dessen Namen doch Urteile gesprochen werden, überhaupt nachvollziehen kann, wie es zu diesen Urteilen kommen kann. Ist unser Rechtssystem ungerecht? Oder nur unverständlich? Oder überfordert?

Also habe ich mich in den folgenden Monaten intensiv mit Fällen auseinandergesetzt, bei denen das Urteil ein Gefühl des Unrechts hinterlässt, seien es nun Urteile aus meiner Praxis, aus aktuellen Rechtsdiskussionen oder auch aus Medienberichten. Viele dieser Fälle – und so viel vorab: Es geht absolut nicht nur um zu milde, sondern auch um unverhältnismäßig hohe Strafen – schildere ich hier im Buch. Dabei bemühe ich mich, die Urteilsfindung transparent zu machen. Denn das ist etwas, was die Justiz leider sehr oft versäumt: Sie meidet die offene Diskussion, die allgemein verständliche Übersetzung eines Urteils. Und sie lässt wenig Kritik zu. Doch es gibt offensichtliche Missstände, über die man sprechen muss.

Wir sind zu Recht stolz auf unser deutsches Rechtssystem, aber in den letzten Jahren wurden immer mehr Urteile bekannt, die nicht dem Rechtsempfinden der Bevölkerung entsprechen. Warum bekommt ein Drogendealer für eine relativ geringe Menge Drogen eine fünfjährige Freiheitsstrafe und fünf Gruppenvergewaltiger, die ihr Opfer nach der Tat fast erfrieren lassen, erhalten nur Bewährungsstrafen? Warum kommen drei von fünf Mitgliedern einer Schlägertruppe mit Freisprüchen davon, obwohl das Opfer nach zwei Wochen im künstlichen Koma mit Titanplatten im Kopf weiterleben muss? Aber auch: Warum erhält ein Demonstrant wegen eines Flaschenwurfes ohne Folgen bei einer G20-Demonstration eine Gefängnisstrafe, und ein anderer, der bei einer Pegida-Demonstration einen Kameramann schwer verletzt hat, nur eine Geldbuße? Solche und viele andere Urteile sind für den Bürger nicht immer nachvollziehbar, um es einmal milde auszudrücken.

Natürlich kann ein Bauchgefühl des „Bürgers" keine Strafen begründen, oft sind auch Fakten aus den Verfahren nicht bekannt. Doch wenn Urteile „im Name des Volkes" gesprochen werden, sollten die Gerichte das Rechtsempfinden der Bevölkerung nicht völlig außen vor lassen. Sonst bleibt ein deutlicher Unmut. Und dem muss man nachgehen, wenn man nicht will, dass das Vertrauen in die Rechtsprechung verloren geht. Und dann im schlimmsten Fall Gedanken an Selbstjustiz entstehen, zumindest aber die Achtung vor der Gerichtsbarkeit verloren geht.

Ich schildere in diesem Buch über 40 Fälle. Manche davon habe ich persönlich erlebt, manche kenne auch ich nur aus der Presse, betrachte sie aber als Jurist und werde versuchen, Ihnen die Urteilsfindung verständlich zu machen. Oder eben auch erläutern, warum auch ich als Jurist solche Urteile nicht nachvollziehen kann.

Auch wenn ich hier natürlich nicht auf jeden rechtlichen Aspekt eingehen kann – schließlich halten Sie kein juristisches Lehrbuch in Händen: Ein bisschen Theorie kann ich Ihnen nicht ersparen. Doch ich hoffe, Ihnen damit die gerichtlichen Entscheidungen transparenter machen zu können.

Es geht mir nicht darum, nur anzuklagen. Ich versuche, dieses Thema anhand der Praxisfälle von so vielen Seiten wie möglich zu beleuchten. So wie ich mir wünsche, dass vor Gericht die Hintergründe von Täter und Opfer in die Urteilsfindung einfließen, möchte ich hier mögliche unterschiedliche Sichtweisen der Fälle beleuchten.

Ich bin nicht der Meinung, dass wir härtere Strafen benötigen. Sehr wohl muss aber darüber gesprochen werden, warum so oft in gerichtlichen Entscheidungen nicht einmal der mittlere Strafrahmen ausgenutzt wird. Häufig ist die Sachlage tatsächlich schwierig. Noch schwieriger zu verstehen ist aber, dass gleiche Taten in den zahlreichen Regionen unseres Landes völlig unterschiedlich abgeurteilt werden – was manchmal sogar am selben Gericht bei jeweils anderen Richtern geschieht. Verlangt es da nach Vereinheitlichung oder gar Regulation?

Ein wichtiger Aspekt, der sich durch zahlreiche Fälle zieht, ist natürlich auch die Frage nach den Folgen für das Opfer. Oft geht es vor Gericht ausführlich um die Vergangenheit und die sozialen Perspektiven des Täters und kaum um die Auswirkungen, die die Tat auf das Opfer hat. Hier stimmt etwas ganz Grundsätzliches nicht.

Der Unmut, der in der Bevölkerung und wahrscheinlich auch bei Ihnen, liebe Leser, nach dem Bekanntwerden vieler Urteile entsteht, ist häufig nicht unberechtigt. Dennoch sollten wir vermeiden, in Stammtischparolen abzurutschen. Wie in so vielen Bereichen des Lebens geht es darum, und das sollte insbesondere für Gerichte zutreffen, genauer hinzuschauen – und zwar auf beide Seiten. Ein Mangel an Zeit oder Geld darf nie die Ausrede für ein nicht ausgewogenes Urteil sein – was leider auch zum Gerichtsalltag gehört. Und das klage ich nun wirklich an.

Doch hier entlasse ich Sie auf die Seiten dieses Buches. Lesen Sie, lassen Sie Ihre Gedanken spielen und kommen Sie dann AM ENDE zu Ihrem eigenen Urteil.

Ihr Ingo Lenßen

KAPITEL 1

DER STRAFVERTEIDIGER – ALLES FÜR DEN TÄTER, ODER?

DER JOB DES STRAFVERTEIDIGERS

Bevor wir hier in die verschiedenen Fälle und Hintergründe der Urteilsfindung einsteigen, will ich natürlich darauf eingehen, wie es kommt, dass ich als Strafverteidiger ein Buch schreibe, in dem es so deutlich auch um die Rechte und die Stärke der Opfer geht.

Seit über 25 Jahren bin ich nun Strafverteidiger und dies mit Leib und Seele. Das Selbstverständnis eines Strafverteidigers – und damit auch meines – bedingt es, dass er für seinen Mandanten das Beste herausholt. Und das Beste für den Mandanten ist natürlich ein Urteil mit einer möglichst geringen Strafe, nur in Ausnahmefällen ist dies ein Freispruch.

Dem Strafverteidiger kann oder muss es zunächst sogar gleich sein, ob der Mandant die Tat begangen hat oder nicht. Gibt es formale Gründe wie ein Beweisverwertungsverbot, eine Aussage, die aufgrund einer falschen Belehrung nicht verwertet werden darf – und kann damit eine Verurteilung verhindert werden – so muss der Verteidiger dies ausnutzen. Die oft von Laien an einen Strafverteidiger gestellte Frage, ob er einen Mandanten auch verteidigen könne, wenn er wisse, dass der Mandant schuldig sei, muss somit mit einem klaren „Ja" beantwortet werden. Ebenso wie die Frage, ob man einen Freispruch für einen Mandanten beantragen könne, bei dem man weiß, dass er die Tat begangen hat. Hier sei allerdings gleich bemerkt, dass die Freispruchquote in Deutschland ohnehin nur bei drei Prozent liegt. Denn die Staatsanwaltschaft bringt Fälle, bei denen sie nicht von einem möglichen Schuldspruch ausgeht oder bei denen das Unrecht der Tat als gering eingestuft wird – ohnehin nicht zur Anklage.

MEIST geht es in Urteilen um das Strafmaß. Welches Maß an Schuld der Mandant für die Straftat zu tragen hat, spielt für das Urteil häufig eine zentrale Rolle, für das Ziel des Verteidigers sollte es allerdings nur zweitrangig Beachtung finden. Für ihn haben daher auch die Belange des Opfers zunächst unberücksichtigt zu bleiben und sind nicht von Interesse.

Dies ändert sich erst dann, wenn man beispielsweise durch einen sogenannten Täter-Opfer-Ausgleich zu einem günstigeren Urteil für den eigenen Mandanten kommen kann. Denn durch einen erfolgreichen Täter-Opfer – Ausgleich kann einerseits das Bedürfnis des Opfers nach Entschuldigung und das des Täters auf Verzeihen erreicht werden. Es kann aber auch ein beim Opfer entstandener finanzieller Schaden wiedergutgemacht werden oder die Zahlung eines Schmerzensgeldes erfolgen – und das ist sowohl im Interesse des Angeklagten als auch in dem des Strafverteidigers, weil dadurch das Strafmaß reduziert werden kann.

Die andere Seite

Weil auch das Opfer die Möglichkeit haben soll, seine eigenen Interessen in ein Strafverfahren einzubringen und sich selbst aktiv an einem solchen Strafprozess zu beteiligen, hat der Gesetzgeber das „Instrument" der Nebenklage eingeführt. Ein Nebenkläger ist das Opfer einer Straftat. Ist dieses Opfer verstorben, können sogar seine nächsten Angehörigen als Nebenkläger in einem Strafprozess gegen den Täter auftreten. Mit den Instrumenten des Nebenklägers hat es die Strafprozessordnung geschafft, dass Opfer einer Straftat ihre eigenen Belange in den Prozess einbringen und diesen sogar partiell mitbestimmen können.

Ein Strafverteidiger kann nicht nur Täter verteidigen, sondern – natürlich nicht im gleichen Fall – auch den Nebenkläger in einem Strafprozess vertreten.

Interessant ist dabei natürlich, dass, tritt ein Strafverteidiger häufiger als Nebenklägervertreter auf, er Fälle aus einem anderen Blickwinkel sieht, und damit natürlich auch die Belange des Opfers durch eine andere Brille betrachtet. Denn nun sind ja nicht mehr die Belange des Straftäters für ihn im Fokus, sondern die besonderen Befindlichkeiten des Opfers einer Straftat.

Ein Gedankenspiel am Rande: Stellen wir uns rein theoretisch den gleichen Strafverteidiger in ein und demselben Verfahren einmal als Verteidiger und einmal als Vertreter der Nebenkläger vor. Würde sich das auf das Urteil auswirken?

Vom Gedankenspiel zur Praxis

Warum ich das so ausführlich schildere? Weil es uns zu zwei Fällen bringt, bei denen ich als Vertreter der Nebenkläger tätig war und die letztendlich mitentscheidend für die Entstehung dieses Buches waren.

Der erste Fall ist schon ein paar Jahre her. Als ich nach über 20 Jahren Tätigkeit als Strafverteidiger zum ersten Mal auf der anderen Seite saß, eben auf der des Nebenklägervertreters, hatte ich plötzlich nicht das geringste Verständnis für den Strafantrag des Verteidigers auch wenn – um das vorwegzunehmen – das Urteil schlussendlich für mich nachvollziehbar und für meinen Mandanten annehmbar war.

FALL 1

Mein Mandant war mit einem befreundeten Pärchen auf einem Volksfest gewesen. Sie hatten keinen Alkohol getrunken. Beim Verlassen des Festes ließ mein Mandant kurz die Gruppe alleine, um einen Bekannten zu begrüßen.
Nach einigen Minuten des Wartens rief die Freundin meines Mandanten ihn mit den Worten „Schatz, kommst du bitte!" zurück. Da baute sich ein der jungen Frau Unbekannter vor ihr auf und sagte: „Da bin ich." Die junge Frau erklärte, dass sie ihn nicht gemeint habe, und bat um Entschuldigung. Der Fremde ließ jedoch nicht locker und fragte sie, ob er nicht gut genug sei.

Nun mischte sich der Mann des befreundeten Pärchens ein und bat den aufdringlichen Fremden zu gehen. Ohne weitere Ankündigung versetzte dieser ihm daraufhin einen Kopfstoß, der sein Nasenbein brach. Die Schreie der beiden Frauen machten meinen Mandanten auf die Situation aufmerksam und er eilte seinem Freund zu Hilfe.
Mittlerweile hatten sich allerdings zum ersten Angreifer zwei weitere Herren gesellt, die meinen Mandanten gleich mit Schlägen erwarteten. Der ging zu Boden, rappelte sich aber wieder auf und es gelang ihm, zwei der Angreifer von sich abzuschütteln. Der Dritte sprang ihm jedoch auf die Schulter und biss ihm so ins Ohr, dass er, wie Zeugen später berichteten, meinem Mandanten die Ohrmuschel „aus dem Kopf gerissen" hatte und sie anschließend auf den Boden gespuckt hatte.

Mein Mandant wurde mit dem Notarzt in die Klinik gebracht. Im Anschluss an eine erste Operation musste er etwa ein Jahr lang über eine Schweinsohrblase am Ohr medikamentiert werden. Erst nach dieser Zeit konnten die ersten plasto-chirurgischen Eingriffe beginnen. Die Ärzte versuchten, die Ohrmuschel in über zehn weiteren Operationen wiederaufzubauen.
Für meinen Mandaten waren nicht nur diese körperlichen Folgen eine Tortur, zudem konnte er, der gerade seine Lehre abgeschlossen und einen ersten Arbeitsvertrag unterschrieben hatte, über anderthalb Jahre seiner beruflichen Tätigkeit nicht nachgehen und war vollständig auf die Unterstützung seiner Familie angewiesen. Aufgrund der Schweinsblase an seinem Kopf wollte er das Haus nicht verlassen, da er sich unendlich schämte. Und selbst nachdem die Schweinsblase entfernt worden war, lief mein Mandant nur noch mit einer Mütze herum. Er fühlte sich entstellt, da auf der verletzten Seite keine Ohrmuschel vorhanden war. Die Scham wegen dieser Entstellung begleitet ihn noch Jahre nach der Tat. Während die Verteidiger auf Freispruch und Bewährung plädierten, erachtete ich eine viereinhalbjährige Freiheitsstrafe für Tat und Schuld angemessen.

DAS URTEIL:
Das Gericht sprach eine Freiheitsstrafe von drei Jahren und acht Monaten aus.

Auch wenn die Strafanträge der Verteidiger unverständlich blieben, war mein Mandant, das Opfer, mit diesem Urteil zufrieden. Das Urteilsmaß war nicht weit entfernt von unseren Vorstellungen und er hatte im Verfahren – gerade durch das Instrument der Nebenklage – die Möglichkeit gehabt und genutzt, sein durch die Tat erlittenes Unrecht darzustellen.

Wer kann das verstehen?

Dies war beim zweiten Fall, den ich Ihnen hier schildern möchte, ganz anders. Und daher war dieser Fall, wie ich schon in meinem Vorwort erwähnt habe, mitentscheidend für die Entstehung dieses Buches. Er wurde als Jugendstrafverfahren vor dem Landgericht verhandelt. Mein Mandant als Nebenkläger war der Vater des Opfers.

FALL 2

Der Sohn meines Mandanten, 19 Jahre alt, war an einem Abend im Februar mit seiner Freundin und einem befreundeten Pärchen gegen Mitternacht in eine Shisha-Bar gegangen. Sie hatten nachweislich keinen Alkohol getrunken.
Nach etwa einer Stunde verließen sie die Bar und wurden plötzlich von jungen Männern angesprochen, die zuvor ebenfalls in der Bar waren. Diese behaupteten, der Freund des Sohnes meines Mandanten habe die Mutter eines der späteren Tatbeteiligten beleidigt. Zweifel an dieser Aussage waren eher gerechtfertigt. Die Täter hatten es offensichtlich auf eine tätliche Auseinandersetzung abgesehen. Während die Freundin des Sohnes meines Mandanten schon in dessen Auto Platz genommen hatte, wurde er selbst von einem der Täter geschubst und

stolperte. Sein Freund wurde von einem anderen Täter mit dem Messer bedroht. Nachdem mein Mandant sich wieder gefangen hatte, ging er zu dem das Messer haltenden Täter und bat ihn mit beschwichtigend erhobenen Händen aufzuhören. Er betonte, sie wollten keinen Streit, und bat darum, ihn und seine Freunde einfach nach Hause fahren zu lassen. Daraufhin stach der Haupttäter ihm das Messer unvermittelt in die rechte Brustseite und durchtrennte damit die Aorta des jungen Mannes. Schwer verletzt rannte der daraufhin in die Shisha-Bar zurück, um ärztliche Hilfe zu rufen, brach dort aber aufgrund des hohen Blutverlustes zusammen und verstarb, bevor der Notarzt eintraf.

In der Hauptverhandlung gaben der Haupttäter und sein Mitstreiter an, dass sie am Abend Kokain und anschließend Wodka in großen Mengen konsumiert hätten. Das wurde durch befreundete Zeugen der Täter bestätigt. Tatsächlich bewegte dies das Gericht dazu, im Urteil von einer verminderten Schuldfähigkeit des Haupttäters auszugehen. Grundsätzlich kann ein Alkohol- und/oder Drogenkonsum strafmildernd wirken.

Die Staatsanwaltschaft hatte wegen Mordes angeklagt, was auch meinem eigenen Plädoyer entsprach. Die Verteidigung hatte auf Körperverletzung mit Todesfolge plädiert, da der Täter nicht damit hätte rechnen können, dass das Opfer durch den Messerstich sterben würde.

DAS URTEIL:

Das Gericht erkannte auf Totschlag und verhängte eine Jugendstrafe von sieben Jahren und sechs Monaten. Dabei hatte es noch eine Vorstrafe von einem Jahr miteinbezogen. Für einen Mord sah das Gericht das Mordmerkmal Vorsatz als nicht gegeben und verneinte auch das Vorliegen niedriger Beweggründe. Dass der Täter einfach nur Streit gesucht und auf einen Mann eingestochen hatte, der darum bat, nach Hause gehen zu dürfen, reichte dem Gericht dafür nicht aus.

Nun klingen ja sieben Jahre und sechs Monate nicht nach einer milden Strafe. Allerdings: Das Erwachsenenstrafrecht sieht eine vorzeitige Entlassung des Täters aus der Haft nach zwei Drittel der verbüßten Haftstrafe vor (bei einer dreijährigen Freiheitsstrafe also nach zwei Jahren). Hingegen kann die Strafe bei einer Jugendstrafe von mehr als einem Jahr, wie im vorliegenden Fall, bereits nach einem Drittel der verbüßten Strafe zur Bewährung ausgesetzt werden, wenn dies der Entwicklung des Jugendlichen förderlich sein kann, und das Sicherheitsinteresse der Allgemeinheit beachtet wird. Umgerechnet auf diesen Fall: Bei einer Jugendstrafe von sieben Jahren und sechs Monaten ist es nicht ausgeschlossen, dass der jugendliche Straftäter in der Haftanstalt eine Lehre absolviert und nach Abschluss der Lehre unter Bewährung auf freien Fuß gesetzt wird. Unter Beachtung der Resozialisierung und des Erziehungsgedankens, der ja der Leitfaden des Jugendstrafrechts ist, mag dies positiv zu werten sein. Mein Mandant wiederholte nur immer wieder: „Aber mein Kind ist tot!"

NACHSPIEL ZU FALL 2

Kann man dieses Entsetzen des Vaters ohnehin schon nachvollziehen – ich wusste, dass meine Versuche, ihm das Urteil zu erklären, seinen Gefühlen nicht gerecht werden konnten –, wird es noch fraglicher, wenn man das Nachspiel kurz nach Prozessende kennt:

Hatte der vorsitzende Richter noch in der Urteilsbegründung ausgeführt, dass das Urteilsmaß eine Chance für die Zukunft des Hauptangeklagten bedeuten solle, so zeigte der nach der Hauptverhandlung sehr deutlich, welche Wirkung diese Worte auf ihn hatten: Während er mit dem Gefangenentransport ins Gefängnis verbracht wurde und einen Kameramann sowie die Familie des Opfers passierte, hob er grinsend die rechte Hand und hielt den geschockten Familienangehörigen die Hand mit ausgestrecktem Mittelfinger entgegen. Die darauf erfolgte Strafanzeige hat nichts bewirkt. Das Verfahren wurde eingestellt, da nicht klar war, wem der Mittelfinger gegolten hatte. Es hätte ja auch der Kameramann sein können, den der Täter beleidigen wollte. Und der hatte erklärt, dass er berufsbedingt kein Interesse an einer Strafverfolgung hätte. Die Familie des Opfers fühlte sich allerdings erneut gedemütigt.

Wie kommen solche Urteile zustande, die wir einfach nicht verstehen können? Liegt es daran, dass wir bei der Urteilsfindung immer danach schauen, welches Urteil für den Täter das „gerechte“ ist? Achten wir zu sehr darauf, was eine Verurteilung mit dem Täter macht? Hoffen wir zu sehr darauf, dass der Täter sich resozialisiert, wir ihn möglichst bald wieder in die Gesellschaft integrieren können, es eventuell für ihn besser ist, wenn er nie aus dieser Gesellschaft ausgeschlossen, nicht in eine Haftanstalt eingeschlossen wird? Wäre es gerechter, wenn wir auch die andere Seite, die Seite der von den Straftaten Betroffenen, den Opfern, betrachten?

Tatsächlich bin ich von Letzterem überzeugt. Ich glaube, dass es notwendig ist, bei der Urteilsfindung immer darauf zu achten, dass das Urteil auch dem angemessen ist, was die Tat beim Opfer ausgelöst und verursacht hat.

Ebenso notwendig ist es aber auch, dass Urteile verlässlich sind. Dazu brauchen wir keine neuen oder härteren Gesetze. Denn es kann nicht darum gehen, die Täter möglichst lange einzusperren. Wichtig ist hingegen, dass ein Urteil verständlich, verlässlich und den Folgen der Tat gerecht ist.

Noch eine Anmerkung zu meiner Rolle des Strafverteidiger, mit der ich dieses Kapitel begonnen habe: Wenn hier nun der Eindruck entsteht, die Motivation für dieses Buches liege darin, dass ich mich über „zu lasche Urteile“, beschwere, sobald ich als

Nebenklägervertreter arbeite, als Verteidiger aber milde Urteile begrüße, muss ich enttäuschen. So einfach ist es nicht, was sich auf den folgenden Seiten noch zeigen wird.

Es stellt sich für mich somit auch nicht die Frage, ob ich nach solchen Fällen noch weiter als Strafverteidiger arbeiten möchte. Natürlich will ich das und ich will auch immer noch das beste Urteil für meinen Mandaten erreichen. Ich denke nur, dass unsere Justiz die Möglichkeit haben und nutzen soll, Strafmaße unter Berücksichtigung aller Umstände nachvollziehbar und verständlich zu finden und damit den Spielraum für Ungerechtigkeiten zu verringern.

Und dann bin ich als Verteidiger wie auch als Nebenklägervertreter gerne bereit, solche Urteile anzunehmen.

KAPITEL 2

GERECHTIGKEIT – EIN GROßES WORT

WIR ALLE WOLLEN GERECHTIGKEIT

Gestatten Sie mir noch eine Art Einführung, die aber für alle in diesem Buch geschilderten Fälle und Urteile wichtig ist. Wenn wir uns über Ungerechtigkeit unterhalten, müssen wir natürlich zunächst auch über den Begriff der Gerechtigkeit sprechen.

Gerechtigkeit ist etwas, das wir alle für uns in Anspruch nehmen. Sie ist eines der Grundbedürfnisse unseres sozialen Lebens, egal ob in der Arbeit, in der Öffentlichkeit oder in der Familie. Und wir gehen alle davon aus, dass unser Handeln gerecht ist, dass wir diejenigen sind, die das Richtige tun.

Da wir also davon überzeugt sind, das Richtige zu tun, möchten wir in diesem Tun auch nicht durch irgendetwas oder irgendjemanden eingeschränkt werden.

Doch wir alle müssen uns auch mit dem auseinandersetzen, was die Eltern, der Vorgesetzte oder unser Umfeld für das Richtige halten. Unsere Freiheit hört da auf, wo wir durch unser Handeln die Freiheit eines anderen oder mehrerer anderer beeinträchtigen.

Würde man uns laufen lassen und uns völlige Freiheit geben, so würden wir daher hoffentlich da haltmachen, wo wir einen anderen in seiner Freiheit beschränkten. Einfach weil das Gefühl für Gerechtigkeit und das Streben danach tief in unserem sozialen Wesen verwurzelt ist. Wir alle wissen, was richtig und was falsch ist, was gerecht und was ungerecht ist. Das Gespür dafür ist nur bei dem einen etwas stärker und beim anderen etwas schwächer ausgeprägt – und nur manchmal fehlt es auch tatsächlich vollkommen.

Wie aber reagieren wir eigentlich auf Ungerechtigkeit? Sie gehören zum Leben – jeder von uns hat sie schon erlebt. Wenn wir auf solch eine Ungerechtigkeit stoßen, dann regen wir uns auf, diskutieren stundenlang mit den unterschiedlichsten Menschen darüber – sogar dann, wenn es uns gar nicht direkt betrifft. Am liebsten würden wir immer gleich zur Tat schreiten und das Unrecht ausmerzen. Wir werden emotional und neigen manches Mal sogar dazu, aus dem Bauch heraus entscheiden zu wollen. Bei extremen Fragen wie beispielsweise der, was mit einem Täter geschehen soll, der ein Kind ermordet hat, kommt daher vielleicht auch das eine oder andere mal spontan die Antwort „Den würde ich umbringen".

Wenn auch emotional verständlich, ist das eine Antwort, die an Zeiten erinnert, als es noch „Auge um Auge – Zahn um Zahn" hieß. Das geltende Recht wurde damals vor allem aus einem subjektiven Moralempfinden heraus verstanden. Und es konnte sich praktisch jeder – der die Mittel dazu hatte – zu dem Recht verhelfen, das er für gerecht hielt.

Über die Jahrhunderte haben wir es geschafft – und das ist eine große und positive gesellschaftliche Entwicklung – uns darauf zu einigen, dass nicht jeder selbst sein Recht durchsetzen kann, sondern rechtliche Entscheidungen in die Hände einiger weniger gegeben werden. Und dass es Regeln für uns alle gibt, auf deren Basis diese Entscheidungen getroffen werden.

Den Spiegel vorhalten

Warum übrigens das Recht, das ein Einzelner als das seine ansieht, nicht zwangsläufig „rechtmäßig" ist, wird schnell klar, wenn man seinem eigenen Rechtsempfinden den Spiegel vorhält. Nur ein kleines Beispiel: Ein älterer Herr fuhr mit dem Pkw beim Abbiegen ein kleines Kind an, sodass es vom Fahrrad fiel. Da das Kind aber einen Helm trug, ist ihm nichts weiter passiert und das entsprechende Verfahren wurde eingestellt. Die Eltern des Kindes waren empört. Was hätte nicht alles passieren können! Aber nehmen Sie einmal an, der Fahrer ist Ihr Vater, ein herzensguter Mensch und eigentlich auch im Verkehr immer sehr umsichtig.

Und es ist ja nichts passiert! Wie würden Sie reagieren, würde er wegen einer fahrlässigen Körperverletzung verurteilt?

Oder: Fragen Sie mal in Ihrem Freundeskreis, ob jemand im normalen Leben lügen würde? Und ob er vor der Polizei lügen würde, beispielsweise in einem Prozess? Sie werden in den meisten Fällen ein empörtes „Nein“ erhalten, wobei vielleicht der eine oder andere schon mit „Na ja, kommt darauf an“ beginnt. Denn da fängt es schon an. Wir neigen dazu, das als Recht anzuerkennen, was für uns vorteilhaft ist. Stellen Sie sich vor, Sie kommen mit einem Bußgeldbescheid wegen einer Geschwindigkeitsübertretung zu mir. Das Foto ist nicht ganz deutlich und ich frage Sie deshalb, ob Sie eine Schwester haben. Und Sie sagen: „Ja, stimmt, das könnte auch meine Schwester sein.“ Dies, obwohl Sie genau wissen, dass Sie auf dem Bild abgelichtet sind. Und Sie haben kein schlechtes Gewissen. Plötzlich ist jede Moral aufgehoben, nur um den Führerschein nicht abgeben zu müssen. Wie sieht es dann erst aus, wenn es um viel Geld oder um die eigene Freiheit geht?

Und ein letztes Beispiel: Haben Sie schon mal auf einem Behindertenparkplatz oder vor einer Einfahrt geparkt, nur weil Sie es eilig hatten und das Auto ohnehin nur ein paar Minuten verlassen mussten?

Zugegeben, das sind alles relativ harmlose Beispiele, aber sie zeigen im Kleinen eben doch: Welches Recht der Einzelne als das seine ansieht, unterscheidet sich allzu oft von dem Recht, das ihm zusteht.

Der Erhalt von Werten

Zurück zu den Regeln. Die Regeln, auf deren Basis Richter entscheiden, begründen sich auf Werten, die unsere Vorfahren entwickelt haben. Natürlich wissen wir alle, dass sich diese Werte im Laufe der Zeit teilweise wandeln und das auch müssen. Denken wir an die Stellung der Frau oder viele Themen des Arbeitsrechtes.

Einer unserer wichtigsten Werte aber ist die Freiheit. Unsere Regeln und diejenigen, die über ihre Einhaltung wachen beziehungsweise Verstöße ahnden, müssen uns das Gefühl geben, unsere Freiheit ausleben zu können. Das beginnt damit, dass eine Frau in einer Großstadt nachts allein sicher nach Hause gehen kann, dass Kinder auf dem Weg in die Schule sicher sind. Dass man keine Angst haben muss, in die eigene Wohnung zurückzukehren, ohne von einem Einbrecher überrascht zu werden, oder nicht ständig Gefahr läuft, Opfer der neuesten Betrugsmasche zu werden.

Das Selbstverständnis der größtmöglichen Freiheit lässt sich aber, auch wenn das vielleicht widersprüchlich klingt, nur durch Regeln erreichen. Aufgabe der Richter ist es also auch, mit diesen Regeln diesen wichtigen Grundwert unserer Gesellschaft zu bewahren und beschützen.

Entschlossenheit statt Angst und Schrecken

Im Rahmen von Strafurteilen bedeutet dies allerdings auch, bei Urteilen eine Entschlossenheit zu zeigen, die klar zum Ausdruck bringt, dass wir zum Schutz unserer Grundwerte bereit sind. Um dies zu erreichen, haben wir unter anderem den Gedanken der Generalprävention entwickelt. Sie soll nicht nur das Vertrauen der Bevölkerung in unsere Urteile stärken. Sie soll auch, ohne gleich Angst und Schrecken zu verbreiten, von der Begehung von Straftaten abschrecken, indem sie klarmacht, welche Strafen folgen könnten.

Vertrauensverlust bis zur Selbstjustiz

Dieses Vertrauen in unser Rechtssystem zu erhalten, ist vor allem deshalb wichtig, weil ein Verlust in dieses Vertrauen in der breiten Gesellschaft dazu führen kann, dass sie sich abwendet und Einzelne sogar das Bedürfnis verspüren, sich selbst oder anderen zu ihrem Recht zu verhelfen. Dies gilt es unbedingt zu verhindern. Denn auch die strikte Ablehnung der Selbstjustiz gehört in unser Wertesystem. Entschlossenheit in Urteilen bedeutet, wie schon erwähnt, nicht unbedingt härtere Strafen, denn erwiesenermaßen senkt das die Straftatenstatistik nicht. Entschlossenheit in Urteilen bedeutet nicht, dass einem Straftäter nicht hie und da mit Nachsicht begegnet werden kann, aber es bedeutet, dass unsere Urteile eine Verständlichkeit und Verlässlichkeit aufzeigen müssen, die imstande ist, unsere Rechtsordnung vor Schaden zu bewahren.

Im Folgenden werde ich aufzeigen wie Urteile entstehen, auf welcher Basis Richter ein Strafmaß finden, welche Strafmaßerwägungen dafür herangezogen werden und warum manche Urteile als ungerecht empfunden werden und es auch sind.

KAPITEL 3

RICHTER UND GERICHTE – IM NAMEN DES VOLKES

OBJEKTIVITÄT IST NICHT LEICHT

Ich habe mich vor Kurzem mit einem Kriminalkommissar über das Thema dieses Buches unterhalten und wir kamen auf die Objektivität von Richtern zu sprechen, die ja eigentlich oberstes Gebot der Urteilsfindung ist. Er schilderte mir zwei Beispiele, die sehr gut zeigen, wie sehr die persönliche Betroffenheit eines Richters zu Urteilen führen kann, die wir nicht verstehen können. Nehmen wir den Fall eines Kindesmissbrauchs. Da sitzt eine Richterin, die selbst noch zwei kleine Kinder hat, und muss sich anhören, wie der Täter das Kind auf das Schäbigste missbraucht hat. Dann kommt der Kripobeamte und sagt. „Wir haben hier auch Fotos, die die Tat im Detail belegen." Die Richterin lehnt ab und dreht sich angewidert weg, denn sie möchte sich gar nicht vorstellen, dass das Opfer auch eines ihrer Kinder gewesen sein könnte – was ich übrigens gut verstehen kann. Doch damit rückt sie von dem Fall ab, drückt die emotionale Belastung weg. Und weil sie sich gar nicht zu lange damit beschäftigen will, soll ein schnelles Urteil her, eventuell sogar der von der Verteidigung vorgeschlagene Deal, der eine Abkürzung des Verfahrens bedeutet. Der Täter erhält drei oder vier Jahre.

Dieselbe Richterin verhandelt den Fall eines Einbruchs bei einem älteren Ehepaar. Beide sind als Zeugen geladen und schildern vor Gericht, dass sie sich in ihrem Haus nicht mehr wohlfühlen, weil sie ihren persönlichsten Schutzbereich beschmutzt und zerstört sehen. Für die Richterin ist es nicht schwer, sich in die Lage der älteren Herrschaften zu versetzen. Sie selbst lebt in einer Wohnung und kann die Angst vor einem Einbruch samt Verwüstung gut nachvollziehen. Die Tat ist ihr „nah", anders als der Kindesmissbrauch. Und so erhält dieser Einbrecher auch drei oder vier Jahre.

„Das ist das Problem", erklärte mir der Kriminalkommissar. „Auf der einen Seite gibt es eine Betroffenheit, die Sie leicht herstellen können, und auf der anderen Seite distanzieren Sie sich von der Betroffenheit, weil Sie die Vorstellung der Tat selbst nicht ertragen können. Und so entstehen solche Urteile."

Nun gibt es natürlich Richter und Richterinnen, die besser oder schlechter darin sind, die eigene Betroffenheit in ein Urteil einfließen zu lassen. Und es gibt leider auch Richter, die es nicht nur an Objektivität, sondern auch an Neutralität fehlen lassen und nicht nur Angeklagte, sondern auch Zeugen oder sogar Opfer wie Menschen zweiter Klasse behandeln. Um aber zu einem gerechten Urteil zu kommen, benötigen wir Regeln, die zu einer größtmöglichen Objektivität führen und an denen sich die Justiz – Richter, Staatsanwälte und auch Anwälte – unabhängig von der eigener Betroffenheit orientieren kann.

Richter für Recht im Namen des Volkes

Etwa 20.000 Richter sprechen in Deutschland Recht. Diese Richter sind unabhängig und frei in ihrer Entscheidungsgewalt. Wir vertrauen darauf, dass von ihnen gerechte Urteile nach unseren Wertevorstellungen gefällt werden.

Richter sprechen also unsere Urteile. Und deshalb stehen am Anfang jedes Urteils die Worte „Im Namen des Volkes". Aber sind diese Urteile wirklich im Namen des Volkes gefällt?

Wir haben uns die Gesetze gegeben, auf denen unsere Urteile basieren, indem wir unsere Volksvertreter gewählt haben, die diese Gesetze bestimmen und erlassen. Wir dürfen also auch erwarten, dass die entsprechenden Urteile unserem Anspruch gerecht werden. Das gelingt natürlich nur, wenn die Richter sich an objektiven Wertemaßstäben orientieren.

Dass es aber mit der Objektivität so eine Sache ist, es dazu eben auch oft zwei Seiten gibt, habe ich oben schon beim Thema „Den Spiegel vorhalten" dargelegt.

Denn die reine Objektivität, und hier interessiert mich nur die von uns Juristen abverlangte, dürfte es wohl unstreitig nicht geben. Jedes Urteil ist von einem oder mehreren Menschen gefällt. Solch ein Urteil hat immer eine dem Wesen seines Verfassers entsprechende eigene Prägung. Eine Prägung mit einem eigenen Erfahrungsschatz und somit auch mit sehr eigenen Wertemaßstäben, die immer dann zum Tragen kommen, wenn es Auslegungsspielraum für Gesetze gibt. Und genau das ist der Knackpunkt.

Zu viel Auslegungsspielraum?

Dass jemand verurteilt werden muss, ist bei einer festgestellten Straftat meist keinen großen Zweifeln unterworfen. Aber wegen welches Deliktes genau der Täter verurteilt werden soll – Mord, Totschlag, Körperverletzung mit Todesfolge, gefährliche oder fahrlässige Körperverletzung – und welche Strafe er dafür bekommen soll, das ist im Großen und Ganzen dem einzelnen Richter oder der jeweiligen Kammer überlassen.

Nimmt man beispielsweise einmal das Strafgesetzbuch, findet man unter der Vorschrift „einfache Körperverletzung" den Strafrahmen von einer Geldstrafe bis zu fünf Jahren Haft.

Ein solcher Strafrahmen ist natürlich dafür geschaffen, jedem Täter, je nach Qualität und Intensität des Unrechtes, eine individuelle Strafe zu geben. Beim Beispiel der einfachen Körperverletzung kann damit ein Täter, der einem anderen eine einfache Ohrfeige gegeben hat, vielleicht noch mit einer Geldstrafe davonkommen. Wer aber mit einem gezielten Faustschlag das Nasenbein seines Gegenübers bricht, erhält dann doch eher eine Freiheitsstrafe.

So weit, so gut. Nur leider ermöglicht so ein breiter Strafrahmen auch, was in Deutschland durchaus nicht unüblich ist: dass derjenige, der die Faust in das Gesicht seines Gegenübers schlägt, von dem einem Richter zu einer Geldstrafe, vom nächsten zu einer

Bewährungsstrafe und von einem Dritten zu einer Haftstrafe verurteilt werden kann. Das heißt: Gleiche Vergehen werden nicht überall in Deutschland und von jedem Richter mit gleichen Strafen abgeurteilt. Darauf werde ich später noch in mehreren Beispielen zurückkommen.

Persönliche Wertungen der Richter

Ein Strafrichter nimmt seine sehr persönliche Wertung einmal beim Unrechtsgehalt der Tat vor, ein weiteres Mal bei der Täterpersönlichkeit und ein drittes Mal bei der sehr individuellen Beurteilung der Folgen der Straftat für das Opfer. Wie weich diese Beurteilungsfaktoren sind, zeigt sich anhand der später hier aufgeführten Urteile.

Wir brauchen verlässliche Regeln

Ich bin der Meinung, dass es für die Verlässlichkeit unseres Rechtssystems notwendig ist, dass das Strafmaß für eine mehr oder weniger gleiche Tat auch bei unterschiedlichen Gerichten gleich oder zumindest ähnlich ausfallen muss.

Zugegeben ist jede Tat eine besondere. Ebenso besonders sind der Täter und seine Beweggründe für die Tat und selbstverständlich auch das Empfinden des Opfers für die Tat und deren Folgen. Es gibt also wohl nie die gleiche Straftat zweimal.

Allerdings glaube ich, dass es für den Rechtsfrieden in Deutschland notwendig und wichtig ist, dass wir verlässliche Regeln haben, das heißt, für eine bestimmte Tat immer – mehr oder weniger – mit dem gleichen Urteil zu rechnen ist. Im Detail möchte ich darauf in Kapitel 11 „Bußgeldkatalog für Gewalttaten?“ noch ein wenig näher eingehen.

Objektivität bedeutet nicht Entrückung vom Alltag

Während es dem Volk zusteht, sein Urteilsverlangen aus dem Bauch zu schöpfen und auch eine moralische Komponente zuzulassen, so verlangt man vom Gericht eine größtmögliche Objektivität. Auch zum Zeichen dessen tragen die Juristen, das heißt Anwälte, Staatsanwälte und die Personen des Gerichts, in Strafverfahren grundsätzlich einen Talar. Nun mag es Stimmen geben, die anmerken, der Talar sei eine Verkleidung aus vergangenen Jahrhunderten. Doch der Taler soll versinnbildlichen, dass sein Träger, ansonsten ein normaler Bürger, während der Zeit seiner Berufsausübung zu einem Organ der Rechtspflege geworden ist.

Das darf aber nicht dazu führen, dass diese Juristen auf einem abgehobenen Sessel weit ab von der Bevölkerung und dem tatsächlichen Lebensgeschehen schweben und von dort die Urteile gestalten. Die verlangte Objektivität bedingt zwar, dass ein Richter die eigenen Emotionen außen vor zu lassen hat. Sie verlangt aber nicht, dass das Gericht die tatsächlichen Geschehnisse in der Gesellschaft und deren Entwicklung bei der Urteilsfassung einfach außen vor lässt. Die Gesellschaft darf erwarten, dass sich die Justiz mit ihr weiterentwickelt.

In Deutschland tut sie dies, zumindest in den meisten Fällen. Stellen wir aber fest, dass beispielsweise die Polizei bei der Bekämpfung von Einbruchdiebstählen ihr Tun inzwischen intensiviert, ihre Kräfte verstärkt und auch eine internationale Zusammenarbeit mit den Polizeibehörden anderer Länder immer weiter vorantreibt – wodurch zum Beispiel die Zahl der Einbruchdiebstähle merklich zurückgeht, so hat die Justiz durchaus noch Handlungs- und Entwicklungsspielraum. Dazu gehört aber auch, dass sie die notwendigen finanziellen Mittel zur Verfügung gestellt bekommt. Es trägt sicher nicht zu einer verlässslicheren Justiz bei, wenn Richter zu viele Überstunden machen, weil sie zu viele Fälle auf dem Tisch haben, diese Fälle dann gerne auch so ausurteilen, dass nicht die Gefahr einer Revision entsteht. Und auch, dass die Gefängnisse überfüllt sind und Vollzugsbeamte Zweitjobs annehmen, um über die Runden zu kommen. Doch dazu später mehr.

Die Wahl des Gerichtes bestimmt die Strafe vor

Da wir in diesem Kapitel darüber sprechen, wer Urteile spricht, möchte ich auch noch kurz darauf eingehen, welchen Einfluss die Wahl des Gerichtes auf ein Urteil hat. Dazu ein Fallbeispiel, in dem die Entscheidung, den Fall vor dem Jugendschöffengericht des Amtsgerichtes anzuklagen, sicherlich mit ausschlaggebend für das Urteil war.

FALL 3

Ein 13-jähriges Mädchen verliebte sich in einen 19-jährigen jungen Mann. Das Verliebtsein ging so weit, dass beide Nacktbilder per WhatsApp austauschten. Als der Vater dies bemerkte und herausfand, in wen sich das junge Mädchen verliebt hatte, suchte er den 19-Jährigen auf und teilte diesem mit, wie alt seine Tochter sei, und wies ihn auch deutlich auf die Strafbarkeit sexueller Handlungen an einer 13-Jährigen hin. Der Vater des Mädchens war der Auffassung, dass der junge Mann seine Hinweise verstanden hatte. Doch es kam ganz anders. Der 19-Jährige passte die 13-Jährige eines Tages auf dem Nachhauseweg ab und zerrte sie in ein Gebüsch, missbrauchte sie sexuell und vergewaltigte sie.

Im Prozess bestritt der Täter die Tat bis zum Ende.
Auf die Frage, wie es denn sein könne, dass sich DNS-Spuren von ihm am Geschlecht des Mädchens auffinden ließen, erklärte er, sie hätten sich die Hand gegeben und die DNS müsse dann bei einem anschließenden Toilettengang, sowohl bei dem Mädchen als auch bei ihm, an das jeweilige Geschlechtsteil gekommen sein. Das Mädchen musste daher nicht nur in erster Instanz, sondern auch in zweiter persönlich aussagen. (Ein fehlendes Geständnis bei erwiesener Tat gilt zwar nicht als straferschwerend, ein erfolgtes Geständnis aber, das unter anderem dem Opfer die Aussage erspart, wäre strafmildernd gewesen.)

DAS URTEIL
Die Tat wurde vor dem Jugendschöffengericht angeklagt. Das Urteil lautete auf vier Jahre Jugendstrafe, was tatsächlich die höchste Strafe ist, die dieses Gericht aussprechen kann.

Um dieses Urteil zumindest theoretisch zu verstehen, muss man wissen, dass schon die Entscheidung der Staatsanwaltschaft, bei welchem Gericht sie anklagt, eine Vorentscheidung für den Strafrahmen ist. Tatsächlich ist der oberste Strafrahmen eines Jugendschöffengerichtes, bei dem die Tat ja angeklagt war, eine vierjährige Jugendstrafe. Mehr kann und darf das Jugendschöffengericht nicht ausurteilen. Hätte die Staatsanwaltschaft eine höhere Strafe beabsichtigt, so hätte die Anklage schon gar nicht bei diesem Gericht erfolgen dürfen. Offensichtlich war die Staatsanwaltschaft aber der Auffassung, die Vergewaltigung einer 13-Jährigen durch einen 19-Jährigen, der vorab über das Alter des jungen Mädchens aufgeklärt worden war und dem man unmissverständlich durch einen Elternteil gesagt hatte, dass eine Beziehung sexueller Art zu der minderjährigen Tochter nicht geduldet werde, dass die Strafe für eine solche Tat mit maximal vier Jahren tat- und schuldangemessen ist. Wenn das so ist, müssen wir uns über fehlende Generalpräventionen, also eine abschreckende Wirkung, in Urteilen keine Gedanken mehr machen. Entschuldigen Sie an dieser Stelle meinen Zynismus.

Amtsgericht und Landgericht

Ein kleiner rechtlicher Exkurs zu diesem Thema: Wie bereits dargestellt, bestimmt die Staatsanwaltschaft, welches Gericht für eine Straftat zuständig ist.

Dies kann ein Amtsgericht, ein Landgericht, aber auch ein Oberlandesgericht sein. Die Staatsanwaltschaft orientiert sich bei ihrer Entscheidung in der Regel an dem Strafmaß, das sie im Urteil erwartet.

Wird beim Einzelrichter des Amtsgerichtes angeklagt, ist der Verteidiger meist noch entspannt, da eine maximale Strafe von einem Jahr zu erwarten ist. Beim Schöffengericht sind es vier Jahre. Alle Taten, deren Straferwartungen darüber hinausgehen, werden von der Staatsanwaltschaft beim Landgericht angeklagt.

Ein nicht ganz gerechter Weg durch die Instanzen

Da schwerere Taten sofort beim Landgericht angeklagt werden, gibt es bis zum endgültigen Urteil nur zwei Instanzen. Während die Berufung vom Amtsgericht über das Landgericht und dann zum Oberlandesgericht geht, geht sie vom Landgericht eben direkt an den Bundesgerichtshof.

Eine Begründung dafür: Das Landgericht widme sich der Tat ja ohnehin bis ins Detail, da die dafür notwendige Zeit vorhanden sei (mögen das nur nicht die vorsitzenden Richter der Landgerichte hören!), während bei den Amtsgerichten für diese Details meist die Zeit fehle. So ganz erschließt sich mir bei dieser Argumentation die Notwendigkeit der dritten Instanz nicht, da ja spätestens bei der Berufungsinstanz vor dem Landgericht die notwendige Zeit vorhanden sein müsste.

Ist es nicht eher notwendig, bei einem Mordverfahren, bei dem eine lebenslange Haftstrafe droht, eine weitere Tatsacheninstanz zu haben? Den meisten Tätern ist bei solch schwerwiegenden Strafverfahren zu Beginn meist nicht bewusst, dass sie nur eine Instanz haben, bei der eine Beweisaufnahme durchgeführt wird. In den Revisionsverfahren werden nur Rechts- und Verfahrensfehler überprüft, aber nie falsche Zeugenaussagen (es sei denn, sie verstoßen gegen Denkgesetze), die eventuell eine lebenslange Freiheitsstrafe begründen.

In den folgenden Kapiteln möchte ich über den Strafzweck sprechen, also das, was mit einer Strafe erreicht werden soll. Dabei geht es anhand vieler Fälle um die Themen Generalprävention,

Resozialisierung, Bewährung und den Erziehungsgedanken im Jugendstrafrecht. Sie können sich anhand der Fälle ein eigenes Urteil bilden. Aber ich werde Ihnen immer auch den rechtlichen Hintergrund erläutern.

KAPITEL 4

DIE GENERAL-PRÄVENTION – WIRKSAME AB-SCHRECKUNG?

SINN UND ZWECK DER STRAFE

In vielen juristischen Diskussionen wird bemängelt, dass der Strafzweck gesetzlich nicht geregelt ist. Dennoch muss sich jeder Richter natürlich auch Gedanken darüber machen, was eine Strafe bewirken soll. Ohne nun allzu theoretisch werden zu wollen, will ich in den folgenden Kapiteln über den Strafzweck von Urteilen sprechen.

Eine der Grundlagen des Strafzwecks ist, wie schon einmal erwähnt, der Gedanke der Generalprävention. Zur kurzen Wiederholung: Durch sie soll das Vertrauen in unseren Rechtsstaat und damit auch in unsere Sicherheit gestärkt werden und gleichzeitig der Wille der Bevölkerung zur Rechtstreue. Kurzum, die Strafe soll andere davor abschrecken, ähnliche Taten zu begehen.

Das mag sich alles sehr theoretisch anhören, aber Sie werden auch gleich sehen, was es mit dieser Theorie im praktischen Gerichtsalltag so auf sich hat.

Wie unterschiedlich deutsche Gerichte in der Praxis eine nahezu gleich geartete Straftat bewerten, zeigen die nachfolgenden Urteile, die alle aus vorangegangenen Demonstrationen folgten.

FALL 4

Der spätere Täter befand sich auf einer Pegida-Demonstration in Dresden. Ohne Grund schlug er einem Kameramann mit der rechten Faust so gegen das linke Auge, dass diesem ein Schädelknochen brach.

Das Opfer musste eine Woche lang stationär im Krankenhaus behandelt werden. Der Täter wurde noch am Abend der Tat ge-

stellt und die Ermittlungen gegen ihn konnten unverzüglich aufgenommen. Noch dreieinhalb Stunden nach der Tat konnte beim Täter ein Promillegehalt von 1,5 nachgewiesen werden. Rechnet man dies zurück, so muss man zugunsten des Angeklagten davon ausgehen, dass er zum Tatzeitpunkt circa 2,3 Promille Alkohol im Blut hatte. Dies ist natürlich eine Alkoholisierung, die auf die Schuldfähigkeit des Täters Einfluss nehmen kann, weil durch die starke Alkoholisierung die Steuerungsfähigkeit des Schlägers eingeschränkt gewesen sein könnte.

Der Täter erklärte nicht nur selbst, dass dies die erste und letzte Pegida-Demonstration gewesen sei, an der er teilgenommen habe. Zudem ließ er – über seinen Verteidiger – erklären, er habe einfach mitgemacht, „Scheiße gebaut“, kurz, es täte ihm leid. Auch wenn dieses Geständnis und die Entschuldigung nicht persönlich vorgetragen wurden, können beide strafmildernd gewertet werden.

Andererseits war der Mann bereits neunfach vorbestraft, vor allem wegen Auseinandersetzungen unter Fußballfans rund um das Fußballstadion. Nun mag das eine oder andere Verfahren durch eine schriftliche Entscheidung erledigt worden sein, doch der Mann stand schon mehrfach vor einem deutschen Richter, der ihm dann wohl auch die „Leviten“ gelesen hat. Welche Wirkung das bei ihm hatte, zeigt sein Faustschlag in das Gesicht des Kameramannes.

DAS URTEIL

Das Gericht jedenfalls hielt in diesem Fall eine Geldstrafe von 4.950 Euro für Tat und Schuld angemessen. Ein Urteil, das in vielen Kreisen, auch innerhalb der Justiz, auf Kritik stieß.

Zur rechtlichen Situation: Wer sich einer Körperverletzung strafbar gemacht hat, muss mit einer Geldstrafe oder einer Freiheitsstrafe von bis zu fünf Jahren rechnen. Eine solche Körperverletzung kann eine einfache Ohrfeige sein, es kann ein Schubser sein, ein Tritt gegen das Schienbein oder aber eben auch der Faustschlag ins Gesicht, der einen Schädelknochenbruch bewirkt. Wenn Sie sich die Bandbreite der möglichen Strafen von Geldstrafe bis zu fünf Jahren Haft vor Augen führten, so können Sie sich nun selbst überlegen, wie der Faustschlag des Dresdner Schlägers zu bewerten ist.

Das durch den Verteidiger verlesene Geständnis hatte sicherlich strafmildernde Auswirkungen. Und im Sinne der Generalprävention muss davon ausgegangen werden, dass die Beteuerung, er würde nie wieder an einer Pegida-Demonstration teilnehmen, ebenfalls ausschlaggebend war für dieses milde Urteil.

Denn dass es milde war, zeigen die folgenden zwei Fälle aus Hamburg, beide im Umfeld der Demonstrationen zum G20-Gipfel in der Hansestadt. Es sind vergleichbare Fälle, bei denen, insbesondere im zweiten Fall, allerdings ein eklatant anderes Urteil ausgesprochen wurde.

FALL 5

Ein 21-Jähriger in Haft genommener Franzose hatte gestanden, dass er mindestens vier Flaschen auf Polizeibeamte geworfen habe. Verletzt wurde dabei niemand. Nach seiner Festnahme soll sich der junge Mann allerdings gewaltsam dagegen zur Wehr gesetzt haben.

DAS URTEIL

Er saß gute zwei Monate in Untersuchungshaft und wurde im Anschluss zu einer Freiheitsstrafe von einem Jahr und fünf Monaten verurteilt, die zur Bewährung ausgesetzt wurden. Über dieses Urteil wurde viel diskutiert.

Vergleicht man diese Strafe mit den knapp 5.000 Euro Geldstrafe für den Faustschlag aus dem Fall der Pegida-Demo, erscheint dieses Urteil als ziemlich hart. In der Presse wurde es allerdings als milde bezeichnet. Warum? Das zeigt der nächste Fall, ebenfalls im Umfeld des Hamburger G20-Gipfels.

FALL 6

Ein ebenfalls 21-jähriger Holländer wurde bei den Krawallen mit dem Vorwurf festgenommen, er habe zwei Flaschen auf einen Polizeibeamten in Schutzmontur geworfen. Der Beamte wurde von einer Flasche am Helm und von einer anderen am Bein getroffen, allerdings nicht verletzt. Dem jungen Holländer wurde der Vorwurf des schweren Landfriedensbruches und der gefährlichen Körperverletzung gemacht. Zudem wurde ihm vorgeworfen, er habe bei der Festnahme Widerstand geleistet. Vor Gericht stellte sich heraus, dass dieser Widerstand darin bestanden hatte, dass er sich zum Schutz vor den von ihm erwarteten Schlägen der Polizei in Embryonalstellung auf den Boden gelegt hatte.

DAS URTEIL

Der junge Mann wurde zu einer Freiheitsstrafe von zwei Jahren und sieben Monaten verurteilt. Hier muss erwähnt werden, dass nur Haftstrafen von bis zu zwei Jahren zur Bewährung ausgesetzt werden können.

Da wir ja hier immer noch beim Thema Generalprävention sind, also der Stärkung des Vertrauens in Urteile und die sinnvolle Abschreckung vor neuen Straftaten, möchte ich diese drei so unterschiedlichen Urteile noch einmal im Detail betrachten. Sie zeigen sehr deutlich, dass in Deutschland oft mit zweierlei Maß gemessen wird und Urteile daher eben auch häufig nicht verständlich sind.

Vergleich der Urteile

Angriff eines neunfach Vorbestraften auf einen Kameramann mit einem Faustschlag, der zu einem Schädelknochenbruch beim Opfer führte: Geldstrafe von 4.900 Euro, was in etwa 90 Tagessätzen – übersetzt drei Monaten Haftstrafe – entspricht.

Vier Flaschen, bei erfolgtem Geständnis, auf Polizeibeamte geworfen, gewaltsamer Widerstand bei der Festnahme: zwei Monate Untersuchungshaft, ein Jahr und fünf Monate auf Bewährung.

Zwei Flaschen auf Polizisten geworfen, keine Verletzung, Widerstand durch Embryonalstellung bei der Festnahme: zwei Jahre und sieben Monate. Das sind übrigens 31 Monate, also mehr als das 10-fache des Strafmaßes aus Dresden!

Polizisten sind kein Freiwild

Das Gericht begründete seine Strafe im Fall des jungen Holländers unter anderem mit der Gesetzesverschärfung, die im Jahre 2017 im deutschen Bundestag zum Schutz von Amtsträgern erlassen wurde. Danach liegt die Mindeststrafe für einen tätlichen Angriff auf einen Amtsträger, also auch auf einen Polizisten, bei drei Monaten Freiheitsstrafe, die Höchststrafe bei fünf Jahren. Der in diesem Fall zuständige Richter begründete sein Urteil zudem mit der Feststellung, dass Polizisten kein Freiwild für die Spaßgesellschaft seien oder, wie er es laut Medienberichten auch ausdrückte, „Polizisten kein Freiwild für erlebnisorientierte Gewalttäter" seien. Es galt also, ein Zeichen dafür zu setzen, dass sich die Krawalle in Hamburg nicht noch einmal wiederholten.

Abschreckung mit zweierlei Maß

Und genau da sind wir bei dem Strafzumessungsgrund der Generalprävention und dessen scheinbar willkürlicher Anwendung. Es ist schwerlich nachzuvollziehen, dass das Argument der Generalprävention als Abschreckung – offensichtlich ohne große Probleme – herausgezogen wird, wenn es um Straftaten aus der linken Szene gegen den Rechtsstaat geht. Die Tat des jungen Holländers ist sicherlich eine, die hinsichtlich ihrer Folgen nicht als besonders schwerwiegend zu werten ist. Eine Strafe aus dem unteren Strafrahmen wäre sicherlich ausreichend gewesen. Und bei einer Nachfrage des Gerichtes hätte er wahrscheinlich, wie auch der „Pegida-Täter", bestätigt, nie wieder an einer solchen Demonstration teilnehmen zu wollen.

Besondere Härte bei Angriff auf schutzwürdige Rechtsobjekte?

Aber lassen Sie uns den Fall des jungen Holländers einmal etwas abwandeln. Stellen wir uns vor, die beiden Flaschen wären auf normale Bürger geworfen worden, im Rahmen irgendeines Streites zwischen Jugendlichen, die beiden Flaschen wären geflogen und hätten, wie im vorliegenden Fall, niemanden verletzt. Was wäre passiert? Ganz ehrlich – und hier spreche ich aus Erfahrung: Wenn ein derartiger Vorfall überhaupt zur Anzeige gekommen wäre, dann wäre es durchaus möglich gewesen, dass das Verfahren eingestellt worden wäre. Wird hier mit zweierlei Maß gemessen?

Vielleicht hat bei der Verurteilung des jungen Holländers auch mitgespielt, dass er wohl bewusst wegen einer Demonstration nach Deutschland eingereiste und vielleicht von Anfang an gewaltbereit war? Aber war das wirklich so? Konnte man ihm nachweisen, dass er bewusst wegen einer Straftat eingereist ist? Hatte sich der Tatentschluss nicht spontan aus der Situation entwickelt?

Juristische Diskussion: „eigentlich erschreckend"

Der Rechtswissenschaftler Prof. Dr. Henning Ernst Müller, Professor für Strafrecht und Kriminologie an der Universität Regensburg, hat diese Urteile in einem Artikel mit der Überschrift „In der Dunkelkammer", am 1. September 2017 in der *Legal Tribune* veröffentlicht, wie folgt kommentiert:
Seiner Meinung nach ließen die Hamburger Urteile deutlich erkennen, dass die harten Urteile zu den Ausschreitungen bei den G20-Protesten künftige Demonstrationsteilnehmer von Gewal-

takten und Widerstandshandlungen gegen Polizisten abschrecken sollten. Hingegen sei die (fatale) Botschaft des Dresdner Urteils, dass die Gesellschaft ein gewisses Verständnis dafür habe, das „besorgte Bürger" unter Alkoholeinfluss ihren Frust gewaltsam an Medienvertreter auslassen und dass Straftaten vom Staat auch beim zehnten Mal toleriert werden könnten, solange der Täter den Tatvorwurf einräume.

Weiter führt der Wissenschaftler aus, dass für beide Urteile tatsächlich auch Freiheitsstrafen von 15, 18 oder 22 Monaten mit oder ohne Bewährung möglich gewesen seien, ohne dass sie in irgendeiner Art und Weise für Aufsehen gesorgt hätten. Prof. Müller stellte zudem fest, dass es doch relativ erschreckend sei, dass es keine Maßstäbe dafür gebe, wann ein Verurteilter ein paar Monate mehr oder weniger seiner Freiheit beraubt werde und ob er überhaupt in ein Gefängnis eingewiesen werde oder vielleicht für die gleiche Tat sogar nur eine Geldstrafe erhielte. Viele Fragen zur Schwere eines Deliktes oder der Schuld, so schließt er den Artikel ab, seien derzeit weder mit einem Blick ins Gesetz noch in die Rechtsprechung oder in die Kommentarliteratur zuverlässig zu beantworten.

KAPITEL 5

RESOZIALISIERUNG UND THERAPIE – ALLES FÜR DEN TÄTER?

ZUKUNFT: STRAFFREIES LEBEN?

Als gewünschte Wirkung für ein Urteil wird oft ins Feld geführt, dass man die Resozialisierung des Täters erreichen will. Das heißt, der Täter soll durch die Haft in die Gesellschaft zurückgeführt werden, und zwar so, dass von ihm in Zukunft ein straffreies Leben erwartet werden kann. Und davon profitiert dann natürlich nicht nur der Täter, sondern auch die Gesellschaft.

Ich beginne dieses Kapitel einmal mit einem Fall, bei dem dieser Gedanke zu einem positiven Ende geführt hat, auch wenn es zunächst gar nicht danach aussah.

Manchmal zeigt tatsächlich erst das langfristige Ergebnis, ob ein mildes Urteil tatsächlich der Wiedereingliederung in die Gesellschaft dient. Im gerade geschilderten Fall, auch wenn er zunächst erschreckend klingt, trifft das zu.

FALL 7

Eine 21-jährige schwangere junge Frau hatte ihrem Freund mitgeteilt, dass sie ihn verlassen wolle. Der 23-Jährige wollte dies nicht einsehen und stach 13-mal mit einem Messer auf sie ein. Als das schwerverletzte Opfer dem Täter dann versprach, keine Polizei zu rufen, ließ er von ihr ab und holte Hilfe. Ihr Leben wurde durch eine Notoperation gerettet.

DAS URTEIL

Der junge Mann wurde lediglich wegen Körperverletzung zu einer Freiheitsstrafe von drei Jahren und drei Monaten verurteilt. Das Gericht erkannte auf einen strafbefreienden Rücktritt vom Versuch (siehe Kapitel „Noch mal anders überlegt – der Rücktritt vom Versuch“). Doch gegen dieses Urteil legte er Berufung ein.

BERUFUNG
In der Berufungsverhandlung diagnostizierte ein Psychiater beim Täter eine posttraumatische Belastungsstörung, da der junge Mann angegeben hatte, er habe in Syrien gegen die ISIS gekämpft und sei dort auch gefoltert worden. Der zuständige Richter erkannte Parallelen zwischen diesem Trauma und der Attacke auf die junge Frau. Die Forderungen der jungen Frau, dass der 23-Jährige ausziehen solle, hätten zu der Kurzschlussreaktion des Täters geführt. Nachdem der Täter mittlerweile ein Jahr in Untersuchungshaft verbracht hatte, wurde er durch das Berufungsgericht auf freien Fuß gesetzt.

BERUFUNGSURTEIL
Das Urteil wurde gemildert auf zwei Jahre und acht Monate, die Reststrafe konnte der Täter im offenen Vollzug verbüßen. Und nicht nur das. Er ist mit dem Opfer wieder zusammengekommen, das Paar freut sich auf die gemeinsame Zukunft.

Bewährung bei günstiger Prognose

Bewährung, also die Aussetzung der Freiheitsstrafe, wird mit der Überzeugung des Gerichtes begründet, dass der Täter in Zukunft straffrei leben wird. Ist man ehrlich, ist das nicht mehr als die Hoffnung des Gerichtes. Mal ist diese Hoffnung mehr, mal weniger begründet.

Wann kann und darf ein Gericht eine Strafe zur Bewährung aussetzen? Das Gesetz sieht vor, dass Freiheitsstrafen unter sechs Monaten bei einer günstigen Prognose des Täters zwingend zur Bewährung auszusetzen sind. Bei Freiheitsstrafen von sechs Monaten bis zu einem Jahr ist die Aussetzung nur dann auszusprechen, wenn die Prognose günstig ist und die Verteidigung der Rechtsordnung die Strafvollstreckung nicht zwingend gebietet. Bei Freiheitsstrafen von über einem Jahr spielt wieder der Gedanke der Generalprävention eine Rolle. Es ist festgelegt, dass bei solchen Strafen nur dann eine Bewährung gegeben werden kann, wenn die Aussetzung der Strafe zur Bewährung nicht dazu geeignet ist, unsere Rechtsordnung infrage zu stellen. Zudem darf dem Täter diese Strafe nur dann zur Bewährung ausgesetzt werden, wenn die Prognose günstig ist und darüber hinaus noch besondere Umstände vorliegen. Solche besonderen Umstände sind zum Beispiel dann gegeben, wenn davon ausgegangen werden kann, dass der Täter in Zukunft keine Straftaten mehr begeht, er nicht vorbestraft war, gleich ein umfassendes Geständnis abgelegt hat, der Schaden wiedergutgemacht wurde, er wieder eine Arbeitsstelle hat und Ähnliches.

Komplizierte Zusammenrechnung von Strafen

Stand ein Täter schon unter Bewährung und wird er erneut wegen des gleichen Deliktes verurteilt, darf ihm eigentlich nicht noch einmal Bewährung gegeben werden. (Ausnahmen bestätigen natürlich die Regel). Im Jugendstrafrecht ist das ein wenig anders, worauf ich im nächsten Kapitel eingehe. Steht also ein erwachsener Täter wegen mehrerer Taten vor Gericht und erhält er beispielsweise wegen einer gefährlichen Körperverletzung eine Strafe von einem Jahr und sechs Monaten, dazu noch wegen einer weiteren Körperverletzung eine Freiheitsstrafe von zehn Monaten, so käme rein rechnerisch eine Strafe von zwei Jahren und vier Monaten heraus. Eine solche Strafe wäre nicht mehr zur Bewährung auszusetzen, da dies ja nur bei Strafen bis maximal zwei Jahren möglich ist. Das Gericht hat nun aber bei einem Strafzusammenzug noch einmal die Möglichkeit, genau zwischen Gefängnis und Bewährung abzuwägen.

Bewährung ist kein Freifahrtschein

Die Bewährung allerdings nur als „der Gefängnisstrafe entkommen“ zu betrachten, greift zu kurz.

Erhalte ich eine Bewährungsstrafe, bedeutet das: Ich muss zwar nicht ins Gefängnis, allerdings wird mir eine Bewährungszeit gewährt, die zwischen zwei und fünf Jahren dauern kann. In dieser

Zeit muss ich beweisen, dass ich in der Lage bin, ohne weitere Straftaten zu leben. Werde ich in der Bewährungszeit wieder straffällig (und Schwarzfahren ist zum Beispiel eine Straftat), zeige ich damit, dass ich die Bewährung nicht verdient habe. Das bedeutet: Die Bewährung wird widerrufen und ich muss nicht nur die Strafe der neuen Tat absitzen, sondern auch die alte Strafe, deren Bewährung ja widerrufen wurde.

Erhalte ich neben der einfachen Bewährung noch Auflagen wie zum Beispiel den regelmäßigen Besuch eines Bewährungshelfers oder eine Geldbuße oder Sozialstunden und komme ich diesen Auflagen nicht nach, kann die Bewährung ebenfalls widerrufen werden. Zudem bedeutet eine Bewährungsstrafe auch, dass man vorbestraft ist. Bis zu einem Tagessatz von 90 Tagen muss ich das nicht nach außen angeben, danach steht es allerdings in meinem Führungszeugnis.

Wie entsteht eine mehrfache Bewährung?

Wenn der Bewährungsbruch nicht ‚einschlägig' war, besteht Aussicht auf eine weitere Bewährung. Konkret: Ist ein Täter wegen Körperverletzung zur Bewährung verurteilt worden und kommt er beispielsweise innerhalb seiner Bewährungszeit wegen eines Drogendeliktes erneut vor Gericht, kann der gute Verteidiger argumentieren, der Mandant sei nicht einschlägig rückfällig geworden. So kann die Straftat aus einem anderen Bereich die Tür zu einer weiteren Bewährung öffnen.

So ist es eben auch möglich, dass ein Täter mit einer doppelten oder dreifachen Bewährung auf freiem Fuß bleibt. Und: Ich gebe zu, dass mir auch einschlägig verurteilte Straftäter bekannt sind, die mit zwei oder drei offenen Bewährungen beispielsweise wegen Körperverletzungen auf Bewährung in Freiheit leben. Dies ist sicherlich eine juristische Regelung, die nicht für jeden Laien verständlich ist – und auch nicht unbedingt zur besseren Akzeptanz von Urteilen führt.

Zusammengefasst muss man aber sagen: Eine Bewährungsstrafe ist nicht harmlos. Sie ist ein Damoklesschwert, das über dem Verurteilten hängt. Und je nachdem, wie stark jemand bereits in den kriminellen Sumpf geraten ist, desto größer ist auch die Gefahr, dass die Bewährungsstrafe widerrufen wird.

Therapie

Wenn es um das Thema Resozialisierung geht, geht es auch oft um das Thema Therapie, insbesondere im Bereich der Drogen-, aber auch der Sexualtherapie.

FALL 8

Ein 50-jähriger Täter missbrauchte elfjährige Zwillinge mehrfach. Dafür wurde er zunächst zu einer Strafe von einem Jahr und acht Monaten ohne Bewährung verurteilt. Doch der Bundesgerichtshof hob die Strafe mit der Begründung auf, das erstinstanzliche Gericht habe nicht ausreichend geprüft, inwieweit der Verurteilte durch Therapiestunden ungefährlich gemacht werden könnte.

Der Täter selbst war bereits im Jahr 1999 wegen schwerem sexuellen Missbrauch von Kindern zu zehn Jahren Haft verurteilt worden und somit kein Unbekannter vor Gericht.

DAS URTEIL

Dennoch wurde die Strafe im zweiten Verfahren vor dem Landgericht in eine Bewährungsstrafe von einem Jahr und acht Monaten umgewandelt. Bewährungsauflage war die Durchführung einer Sexualtherapie.

Die Richterin erklärte, dass Kinderschänder nichts für ihre sexuelle Präferenz an vorpubertierenden Mädchen könnten, sie aber lernen müssten, diese Präferenz zu kontrollieren.

Dieses Urteil zeigt den Spagat auf, den die Justiz in solchen Fällen vollbringen muss – und der, milde formuliert, nicht immer angemessen erscheint.

Natürlich ist das Argument für eine Therapie, man möge den Täter, der sowieso irgendwann wieder auf freien Fuß kommt, so „gestalten", dass er in Zukunft keine Gefahr mehr für die Allgemeinheit, insbesondere nicht für Kinder ist.

Dennoch wäre es doch auch denkbar, dass man dem Täter eine Haftstrafe auferlegt und den Rest der Strafe unter der Bedingung, eine Sexualtherapie durchzuführen, zur Bewährung aussetzt.

Nur langfristige Therapie kann wirken

Der Laie wird vielleicht auch anmerken, dass doch auch eine Haftstrafe, verbunden mit einer Therapie, sinnvoll wäre. Doch leider ist die Sachlage nicht so einfach. Denn die Haftstrafe kann nicht einfach so lange bemessen werden, dass sie lang genug für die Therapie ist.

Wichtig ist es zunächst zu verstehen, dass der Täter, der sich wegen Kindesmissbrauchs strafbar gemacht hat, der also eine Vorliebe für Kinder als Sexualpartner hat, dieses Bedürfnis zeit seines Lebens verspürt. Ein Psychiater sprach mir gegenüber einmal von der „Vorliebe zur unbehaarten Haut". Natürlich stimmt es auch, dass es bereits vielfach gelungen ist, solche Täter durch Therapien dazu zu bringen, mit dieser Vorliebe umzugehen und damit leben zu lernen. Und zwar indem sie lernen, ihr Bedürfnis zu beherrschen, um sich selbst und andere vor weiteren Straftaten zu schützen.

Entscheidend für den möglichen Erfolg einer Therapie ist aber, dass sie so lange anhält, dass der Täter auch wirklich therapiert werden kann. Dabei liegt die absolute Mindestzeit für eine Therapie bei einem Jahr.

Eine Haftstrafe von einem Jahr und acht Monaten, auch wenn sie tatsächlich in der Haftanstalt verbüßt wird, reicht daher nicht aus, um einen Täter zu therapieren. Denn dazu kommt ja noch, dass man in den allermeisten Fällen davon ausgehen kann, dass er nach Verbüßung seiner Zweidrittelstrafe, also nach zwölf Monaten, wieder entlassen werden wird.

Im vorliegenden Fall bleibt zu hoffen, dass die Bewährungsstrafe die Auflage einer dreijährigen Therapie hatte – wobei der Täter dabei natürlich dennoch immer auf freiem Fuß verbleibt. Und natürlich stellt sich die Frage, ob diese Alternativen sinnvoll sind. Denn es darf auch nie vergessen werden, dass erhebliche Zeit nach Haftantritt vergeht, bis der Täter schlussendlich der für ihn richtigen Therapie zugeführt werden kann.

Der nächste Fall geht auf dieselbe Problematik der Therapie nochmals etwas detaillierter ein.

FALL 9

Angeklagt vor dem Landgericht war der Erzieher eines Behindertenheims.
Die Ermittlungen hatten begonnen, nachdem der Täter sich in einem Freibad an einen neunjährigen Jungen herangemacht hatte, der alleine die Toilette besuchte. Der Täter stellte sich hinter den Jungen und begann, dessen Penis zu manipulieren. Er erklärte ihm dabei, dass das, was er gerade tat, hygienisch notwendig sei, weswegen der Junge zunächst das Unrecht der an ihm begangenen Tat nicht erkennen konnte. Dennoch berichtete er gleich seinem Vater davon, der unverzüglich die Polizei informierte. Noch am Ausgang wurde der Täter gefasst.

Bei der Durchsuchung der Wohnung des Täters wurden Mikrochips sichergestellt, die bewiesen, dass er seine Taten jeweils mit einem Handy gefilmt hatte. Auf seinem Laptop ließ sich weiteres belastendes Material wie Filme und Fotos feststellen. Bei der Durchsuchung seines Schlafzimmers wurde unter der Bettdecke eine Sexpuppe gefunden, die die Größe eines acht- bis zwölfjährigen Jungen hatte. In den Wäscheschränken des Täters befand sich Jungenunterwäsche.

Die weiteren Ermittlungen ergaben 14 weitere nachweisbare Taten. Der Täter hatte sich die Anstellung in dem Behindertenheim verschafft, um näher an kleine Jungen heranzukommen.

Bei einem Jungen hatte er nicht nur an dessen Körper, sondern auch an seinem eigenen manipuliert. Die Folgen bei diesem Jungen waren fatal. Er war von den Taten so irritiert, dass er erhebliche Auffälligkeiten im öffentlichen Umgang zeigte. So begann er, sich in der Öffentlichkeit sexuell zu artikulieren, führte seine Hände an sein Geschlechtsorgan und war für die Mutter nicht mehr kontrollierbar. Das Vorgefallene hatte ihn völlig aus seinen festen Bahnen herausgerissen.

DAS URTEIL

Der Täter erhielt eine Freiheitsstrafe von vier Jahren. Gemessen an den Taten, war dies für viele der prozessbeobachtenden Personen ein nur schwer nachvollziehbares Urteil.

Dennoch begründete dieses Urteil Hoffnung auf eine langfristige Therapie. Nur Hoffnung?

Leider ja. Wenn ein Täter in der Haftanstalt eine derartige Sexualtherapie absolvieren soll, so prüft der Vollzug natürlich, ob ausreichend Zeit für eine eventuell erfolgreiche Therapie in der Haftzeit zur Verfügung steht. Nun ist die Verfahrensdauer bei Strafsachen meist sehr lang, so dass von einer Anklageerhebung beziehungsweise Verurteilung in erster Instanz selten vor Ablauf von sechs Monaten auszugehen ist. Hat der Täter diese Zeit bereits in Untersuchungshaft verbracht, so wird ihm die Untersuchungshaft beim späteren Urteil angerechnet. Geht der Täter noch in die Revision, so ist nicht vor Ablauf von einem beziehungsweise anderthalb Jahren mit einem rechtskräftigen Urteil zu rechnen.

Selbst wenn der Täter also eine restliche Freiheitsstrafe von drei Jahren erhält, kann er damit rechnen, dass nach Ablauf von 24 Monaten, das heißt nach Erreichen von zwei Dritteln der Strafe, die Reststrafe zur Bewährung ausgesetzt wird. Verbleibt damit eine Reststrafe von unter einem Jahr, so wird er aller Wahrscheinlichkeit nach keiner Sexualtherapie mehr zugeführt. Selbst bei verbleibenden Haftstrafen von unter zwei Jahren ist es eher selten, dass der Pädophile die Gelegenheit bekommt, eine Therapie zu machen, die ihm eigentlich helfen soll, nach der Haftentlassung ein straffreies Leben zu führen.

Strafen müssen auch dem Täter Sicherheit geben

Sinn und Zweck der Strafe sollte ja auch die Resozialisierung sein. Genau dies ist ein Punkt, der bei der Strafzumessung auch Berücksichtigung finden müsste. Wenn wir die Absicht hegen, durch Urteile den Täter zu resozialisieren, das heißt, ihm die Möglichkeit zu geben, wieder zu einem Mitglied der Gesellschaft zu werden – ohne zukünftige Straftaten zu begehen –, müssen wir ihm auch die Gelegenheit dazu geben.

Es geht also auch hier nicht um die Härte von Strafen, darum, härtere Strafen auszuurteilen, sondern vielmehr um Strafen, die dem Täter die Sicherheit geben, sich selbst in Zukunft zu kontrollieren, das heißt, nicht mehr straffällig zu werden. Und dies sind im Zweifelsfalle keine Freiheitsstrafen, die so kurz bemessen sind, dass in der Haftanstalt eine Sexualtherapie nicht mehr durchgeführt werden kann.

KAPITEL 6

DER ERZIEHUNGSGEDANKE – GUT GEMEINT, NICHT IMMER ZU ENDE GEDACHT

WELCHE STRAFE ERZIEHT WIRKLICH?

Das Jugendstrafrecht interessiert mich aus zwei Gründen besonders. Erstens, weil ich tatsächlich häufig jugendliche Täter vertrete und daher weiß, was auch Studien bestätigen, dass mit zunehmendem Alter die Straffälligkeit abnimmt, und zweitens, weil ich glaube, dass wir besonders bei jugendlichen Straftätern sehr genau abzuwägen haben, ob ein Gefängnisaufenthalt unbedingt notwendig ist. Deshalb ist die Beantwortung der Frage, welche Strafhöhe für den Jugendlichen angemessen ist, eine sehr entscheidende, wollen wir als „erwachsene Justiz" unseren Jugendlichen gerecht werden.

Bei der Diskussion, was denn aus erzieherischen Gründen richtig und was falsch ist, gehen die Stimmen in der Praxis weit auseinander. Die einen sind sich sicher, dass der Knast noch keinen Jugendlichen besser gemacht hat. Die anderen vertreten die Ansicht, ein jugendlicher Straftäter müsse irgendwann verstanden haben, dass er keine weitere Chance mehr auf eine erneute Bewährung bekommt und dass vielleicht nicht gleich nach dem ersten, sicher aber nach dem zweiten Bewährungsbruch der Knast stehen muss.

Wie so oft wird die Wahrheit wohl in der Mitte zu finden sein. Ich glaube nicht, dass der Knast bessere Menschen hervorbringt. Und bei Jugendlichen ist das sicherlich noch kritischer zu bewerten. Nichtsdestotrotz kenne ich Jugendliche, die bestätigen, dass ein einmaliger, wenn auch kurzer Gefängnisaufenthalt sie zur Besinnung gebracht hat, sodass sie danach keine Straftaten mehr begangen haben. Ist es aus erzieherischer Sicht tatsächlich zu befürworten, dass einem jugendlichen Intensivtäter, der zweifach wegen Einbruchdiebstählen und Raubdelikten unter Bewährung steht, nochmals eine Bewährung gegeben wird? Müssen da nicht schon wirklich außergewöhnliche Gründe vorliegen, die mit einer gewissen Aussicht eine erneute Straffälligkeit dieses Jugendlichen ausschließen?

Wann ist das Jugendgericht zuständig?

Vor dem Jugendgericht werden Straftaten nach dem Jugendstrafrecht verhandelt, die von Tätern begangen wurden, die straffähig, also ihr 14. Lebensjahr vollendet haben und nicht älter als 18 Jahre sind. Zwischen dem 18. Lebensjahr und der Vollendung des 21. Lebensjahres entscheidet das Gericht darüber, ob der Jugendliche nach Jugendstrafrecht oder aber Erwachsenenstrafrecht verurteilt wird. Ein über 18-jähriger Straftäter kann nur dann noch einmal in den Genuss des Jugendstrafrechtes kommen, wenn bei ihm Reifegradverzögerungen festgestellt werden. Zu dieser Beurteilung fordert das Gericht grundsätzlich einen Mitarbeiter des Jugendamtes an, der in der Regel im Vorfeld der Verhandlung mit dem Jugendlichen Gespräche geführt hat, aufgrund derer er eine Empfehlung dazu abgeben kann, ob der Täter nach Jugendstrafrecht verurteilt werden kann oder ob er nach Erwachsenenrecht zu bestrafen ist.

Das Jugendstrafrecht bringt dem Straftäter erhebliche Vorteile. Und dies ist auch gut so.

Die Jugendlichen befinden sich in der Entwicklungsphase vom Kind zum Erwachsenen. Auf der Suche nach ihrer eigenen Persönlichkeit werden oftmals Grenzen ausgetestet und auch überschritten. Meist endet diese Phase mit dem Erwachsenwerden. Um auf diese Besonderheit eingehen zu können, hat sich der Gesetzgeber dazu entschieden, ein besonderes Strafrecht für jugendliche Täter zu entwickeln. Dieses Jugendstrafrecht ermöglicht es den Gerichten, ganz besonders auf die persönlichen Belange des Täters einzugehen.

Im Vordergrund steht nämlich nicht die Bestrafung des Jugendlichen, sondern dessen Erziehung. So ist es tatsächlich denkbar, dass bei Straftaten wie Raub und Erpressung Bewährungsstrafen herauskommen, für die im Erwachsenenstrafrecht keinesfalls Strafen unter drei Jahren ausgesprochen werden. Für einen Mord kann ein Jugendlicher zum Beispiel maximal zehn Jahre Jugendstrafe erhalten, während im Erwachsenenstrafrecht Mord mit einer lebenslangen Freiheitsstrafe geahndet wird. Dies geht aber tatsächlich nur, wenn der Jugendliche das 21. Lebensjahr noch nicht vollendet hat.

Und noch eine Besonderheit des Jugendrechtes: Jugendstrafen stehen grundsätzlich nicht im Führungszeugnis, weil man den Jugendlichen die Möglichkeit geben will, sich zum Beispiel ohne Vorurteile zu bewerben.

FALL 10

Der 20-jährige Täter war mit seiner Clique unterwegs, zu der auch das spätere Opfer gehörte, mit dem er im Laufe des Abends auch Zärtlichkeiten und Küsse austauschte. Als er sich zu einem späteren Zeitpunkt mit dem Opfer abseits der Clique allein befand, kam es zum Geschlechtsverkehr, obwohl die junge Frau laut und deutlich mitteilte, dass sie das nicht wolle. Nach dem Geschlechtsverkehr ließ der Angeklagte das völlig verstörte Mädchen allein zurück, ging zur Clique und prahlte dort vor seinen Freunden wohl mit den Worten: „Die redet jetzt nicht mehr so mit mir.“ Der junge Mann, zum Tatzeitpunkt 20 Jahre alt, war mehrfach vorbestraft und stand unter Bewährung. Wie bestraft man nun so einen Mann?

DAS URTEIL:

Zunächst einmal hat das Jugendschöffengericht entschieden, noch einmal Jugendstrafrecht anzuwenden. Zudem war es der Auffassung, dass die Entwicklung des jugendlichen Straftäters positiv einzuschätzen sei, es also dem Erziehungsgedanken des Täters eher förderlich sei, wenn er weiter auf freiem Fuße bliebe. Das Urteil lautete daher: zwei Jahre Jugendstrafe auf Bewährung.

Und was war mit dem Opfer?

Das Mädchen saß gedemütigt und weinend in der Ecke und hörte sich gemeinsam mit seinen Eltern den Urteilsspruch an. Gerade beim Jugendstrafrecht müssen es die Opfer oftmals in Kauf nehmen, dass ihre Belange völlig hintenanstehen, weil der Vergeltungsgedanke hier keine Rolle spielen soll.

Das Jugendstrafrecht sieht vor, dass sich die Gerichte im Wesentlichen mit dem Erziehungsgedanken bei dem jugendlichen Straftäter auseinandersetzen und gemessen an diesem Gedanken eine Strafe finden müssen. Dies führt oftmals dazu, dass sich die Opfer völlig unverstanden fühlen und im Zweifel ein zweites Mal durch ihre Vernehmung und die Hauptverhandlung zum Opfer gemacht werden.

Ganz persönlich zweifle ich in diesem Fall daran, dass die zweijährige Bewährungsstrafe tatsächlich dem Erziehungsgedanken entspricht. Genauso gut hätte man nämlich argumentieren können, dass gerade die Verhängung einer Jugendstrafe Zeit für den Täter bedeutet hätte, zur Besinnung und zu einer Entwicklung zu kommen, die ihm sein bisheriges Umfeld eher nicht ermöglicht hatte.

Und ich bin der festen Überzeugung, dass bei keinem Urteil vergessen werden darf, was das Opfer an sich bewegt. Ich darf nicht außen vor lassen, welches Leid der Täter beim Opfer verursacht hat und wie er nach der Tat damit umgeht, um beurteilen zu können, was für seinen Lebensweg die wahrscheinlich beste Bestrafung sein wird. Auch dann nicht, wenn ich als Strafverteidiger grundsätzlich der Auffassung bin, dass Haftstrafen bei Jugendlichen meistens nicht den gewünschten Erfolg bringen.

Bad Guys sind schwer erreichbar

Ganz entscheidend für den weiteren Weg eines straffälligen Jugendlichen erscheint mir sein eigenes Erlebnis vor Gericht, aber auch der Eindruck, den das Gericht von ihm gewinnen konnte. Entscheidend in diesem Zusammenhang ist, ob der Richter den Jugendlichen mit seiner Ansprache erreichen kann.

Der jugendliche Straftäter, der zum ersten Mal vor Gericht steht und mit der Situation überfordert ist, wird alleine von dieser Situation schon beeindruckt sein. Ein verständnisvoller Richter kann in solchen Fällen tatsächlich großes Vertrauen erwecken.

Doch häufig haben es die Gerichte auch mit Intensivtätern zu tun, also mit Jugendlichen, die bereits das achte oder neunte Mal vor dem Jugendrichter sitzen. Junge Menschen, die weder die erste Ermahnung des Richters noch die darauffolgenden ersten Sozialstunden beeindruckt haben, stolze „Bad Guys", für die der erste Jugendarrest eher eine Auszeichnung darstellt, einen „Ritterschlag". Ein solcher jugendlicher Intensivtäter wird dem Richter bei keiner seiner Belehrungen richtig zuhören. Wenn ein solcher Täter noch einmal eine Bewährungsstrafe als „letzte Chance" bekommt, ist eher ein Gesichtsverlust der Justiz wahrscheinlich als die erfolgreiche Verfolgung des Erziehungsgedankens, der somit ins Leere läuft.

Bei solchen Jugendlichen kann ein Entgegenkommen völlig fehl am Platze sein. Im Gegenteil: In deren Augen zeigt oft derjenige, der Verständnis zeigt, Schwäche.
Ein Beispiel für diese Problematik kann das nachfolgende Urteil eines Amtsgerichtes geben:

FALL 11

Vor dem Amtsgericht Rathenow war ein 15-Jähriger wegen versuchter schwerer räuberischer Erpressung, einer gemeinschaftlichen gefährlichen Körperverletzung, einer versuchten Nötigung, drei Fällen von Körperverletzung und sieben Wohnungseinbrü-

chen zu einer Jugendstrafe von einem Jahr und sechs Monaten verurteilt worden. Diese Verurteilung erfolgte im April des Jahres 2015. Im September des gleichen Jahres stand der Jugendliche wieder vor Gericht, diesmal wegen fünf Wohnungseinbruchdiebstählen, zwei Raubtaten, einer schweren Körperverletzung und zwei Fällen von einfacher Körperverletzung.

DAS URTEIL

Das Gericht verhängte eine zweijährige Jugendstrafe, die zur Bewährung ausgesetzt wurde.

Bewährung im Jugendstrafrecht

Sehen Sie mir nun bitte nach, wenn ich noch einmal kurz theoretisch werde und einige Hintergründe erkläre: Im Jugendstrafrecht erhält der Täter auch bei mehreren aufeinanderfolgenden Straftaten im Fall einer weiteren Verurteilung immer nur eine Strafe. Das heißt, es wird nicht für jede einzelne Straftat eine gesonderte Strafe verhängt wie beim Erwachsenenstrafrecht. Stattdessen betrachtet man alle Strafen in ihrer Gesamtheit und verhängt gegen die Jugendlichen dann nur eine Einheitsjugendstrafe, die natürlich auch durch alte Strafen, die bereits zur Bewährung ausgesetzt wurden, beeinflusst werden kann. Die Strafen werden aber nicht zusammengerechnet.

Dies ist ein eklatanter Unterschied zum Erwachsenenstrafrecht, indem für jede einzelne Straftat ein gewisses Strafmaß gefunden wird, wie ich im letzten Kapitel erklärt habe. So kann allerdings auch eine Einheitsstrafe entstehen, die deutlich unter einer Zusammenrechnung der einzelnen Taten liegt.

Im vorliegenden Fall bedeutete dies, dass sich das Gericht bei dem 16-jährigen Täter überlegen musste, welche Einheitsstrafe für die fünf Wohnungseinbrüche, die zwei Raubtaten, zwei Fälle von Körperverletzung und einer schweren Körperverletzung unter

Berücksichtigung der vorangegangenen Strafe von einem Jahr und sechs Monaten angemessen ist.

Die Frage, die sich das Gericht stellen musste, war also, ob der Jugendliche noch einmal eine Bewährungsstrafe erhalten konnte oder nicht. Wie gesagt darf im Jugendstrafrecht der Gedanke der Bestrafung nicht im Vordergrund stehen; es muss im Vordergrund stehen, welche Strafe dem Erziehungszweck des Jugendlichen am ehesten dienen könne.

Meiner Meinung nach muss man sich hier aber darüber Gedanken machen, welchen Erziehungswert das Urteil vom April hatte, wenn der Richter sich im September erneut mit fünf weiteren Wohnungseinbrüchen, zwei Raubtaten und mehreren Körperverletzungsdelikten beschäftigen muss. Da stellt sich doch die Frage, ob der Richter seine Ankündigung aus dem ersten Verfahren wahr macht und eben keine Bewährung mehr ausspricht oder aber ob er dem Jugendlichen erneut mit nachsichtigem Verständnis begegnet, wozu er sich entschloss, wie das Urteil zeigt.

Milde und Verständnis sind nicht immer gute Ratgeber

Wer sich mit Kindererziehung beschäftigt, weiß, dass Milde und Verständnis prinzipiell immer gute Ratgeber sind. Entscheidend dafür ist aber, welches Einsehen und Verständnis man beim Kind oder dem Jugendlichen findet. Es muss zu spüren sein, dass der Jugendliche die Autorität des Erwachsenen versteht und akzeptiert. Denn der zu Erziehende muss die Erziehung auch zulassen. Und genau das ist sicherlich ein ganz wesentlicher Moment in einem Strafprozess gegen Jugendliche.

Immer wieder erleben wir es, dass Jugendliche den Eindruck vermitteln, als ob sie das Gericht nicht ernst nähmen, ja sogar ablehnten, das heißt also, weder respektieren noch anerkennen. Inwieweit dann in diesen Fällen eine Erziehung durch einen Richter überhaupt möglich ist, bleibt zweifelhaft.

Natürlich ist es für einen Richter in dem Moment, in dem er sein Urteil fällen muss, schwierig zu entscheiden, ob das entsprechende Urteil auch die erwünschte Wirkung hat. Oft enthalten Urteilsbegründungen Beschreibungen des Verhaltens der Jugendlichen, die den Eindruck erwecken, sie seien von der Strafverhandlung beeindruckt, ihnen sei bewusst geworden, dass sie im Wiederholungsfall tatsächlich in den Knast müssten, sie hätten Einsicht gewonnen und eine Besserung wäre möglich.

Und natürlich kann man nicht in den Kopf eines Menschen hineinsehen. Allzu oft steht aber leider das Hoffen der Gerichte dabei im Vordergrund, dass der Jugendliche solche Einsicht nun wirklich gefunden hat. Ob dies allerdings immer zu einem konsequenten Strafrecht führt, an dem jugendliche Straftäter ihr Verhalten orientieren können, bleibt zweifelhaft. Ob übrigens der jugendliche Straftäter aus dem oben geschilderten Fall noch einmal straffällig wurde, ist mir leider nicht bekannt.

Vertrauen wäre der Knackpunkt

Das alles heißt aber nicht, dass es beim jugendlichen Intensivtäter nicht auch um Vertrauen ginge. Ich habe solche Täter schon erlebt, die mit mir aus der Verhandlung gegangen sind und sehr beeindruckt meinten: „Hey, der hat mir echt zugehört!" Zuhören heißt ja noch lange nicht, keine Entschlossenheit zu zeigen. Aber es heißt, den Angeklagten nicht von vornherein abzustempeln. Und das wäre ebenso ein falsches Signal der Gerichte.

Das alles zeigt, dass insbesondere im Jugendstrafrecht die Methode, immer nachgiebig zu sein oder immer Strenge walten zu lassen, unabhängig von der besonderen persönlichen Situation des Jugendlichen zu keinem vernünftigen Ergebnis führen wird. Allerdings haben die Gerichte mittlerweile immer weniger Zeit für die einzelnen Verfahren zur Verfügung. Und ob es einem Richter gelingt, in einer Hauptverhandlung von zwei Stunden mit 15-minütiger Urteilsbegründung so viel Vertrauen in dem Jugendlichen zu wecken, dass der ihm das Vertrauen auch wirklich abnimmt und bestenfalls auch zurückzahlt – indem er beispielsweise in seiner Bewährungszeit wirklich etwas an seinem Leben ändert –, hängt vom Einzelfall ab.

Bei jugendlichen Intensivtätern, die in den meisten Fällen auch in ihrem Elternhaus noch nie Vertrauen erhalten haben, wird es meiner Erfahrung nach kaum gelingen, im Laufe einer Hauptverhandlung so viel Vertrauen in den Richter als eine fremde Person zu entwickeln, dass sie das in sie gesetzte Vertrauen zurückgeben können. Vielmehr glaube ich, dass es eines langjährigen Prozesses bedarf, um die Jugendlichen (wieder) in eine Stabilität zu bringen, die es ihnen erlaubt, Vertrauen zuzulassen und auch dadurch wieder in ein straffreies Leben zurückzugehen. Die Enttäuschungen, die sie in der Vergangenheit erlebt haben, waren doch meist so groß, dass es einer ebenso langen Zeit der Stabilisierung bedarf, wie es Zeit gekostet hat, ihr Grundvertrauen zu zerstören.

Wenn Milde unverständlich wird

Wie auch schon der Fall des Vaters zeigte, den ich als Nebenklägervertreter begleitet habe, führt unser Jugendstrafrecht und der darin innewohnende Erziehungsgedanke auch zu ungerechten, mindestens aber zu unverständlichen Urteilen. Gleichzeitig zeigen die nachfolgenden Fälle auch, dass äußerst ähnliche Straftaten durch unterschiedliche Gerichte eine sehr unterschiedliche Beurteilung erfahren können.

FALL 12

Vor der großen Jugendkammer eines Landgerichtes waren fünf junge Männer angeklagt, ein 14-jähriges Mädchen vergewaltigt zu haben. Dabei war das Opfer aufgrund Alkoholkonsums widerstandsunfähig. Der Hauptangeklagte nutzte diesen Zustand aus

und übte an ihr den ungeschützten vaginalen Geschlechtsverkehr bis zum Samenerguss aus. Im weiteren Verlauf des Geschehens führten zwei weitere Angeklagte dem Opfer jeweils eine Bierflasche vaginal ein.
Der Angeklagte, der den Geschlechtsverkehr durchgeführt hatte, führte der Angeklagten zudem eine Wodkaflasche vaginal ein. Weitere Angeklagte filmten das gesamte Geschehen mit dem entblößten Opfer. Nach der Tat brachten drei der Angeklagten das nur spärlich bekleidete und mittlerweile schreiende Opfer bei Außentemperaturen um den Gefrierpunkt nach draußen in den Hinterhof und ließen es dort liegen. Das Opfer erlitt eine Absenkung der Körpertemperatur, sodass es später auch deshalb auf der Intensivstation behandelt werden musste. Das Gericht stellte bei allen Angeklagten fest, dass sie alkoholisiert gewesen und damit in ihrer Steuerungsfähigkeit wohl erheblich vermindert waren.

DAS URTEIL

Vier der fünf Täter bekamen Bewährungsstrafen, lediglich der einzig erwachsene Täter erhielt eine Freiheitsstrafe in Höhe von vier Jahren.
Dieses Urteil schockierte die Öffentlichkeit.

Das Gericht begründete die Bewährungsstrafen in der öffentlichen Berichterstattung, mit der im Laufe der Hauptverhandlung gezeigten Reue der Angeklagten und auch damit, dass die Jugendlichen meist noch nicht schwerwiegend strafrechtlich in Erscheinung getreten waren. Daher seien noch keine Mängel erkennbar geworden, die die Gefahr der Begehung weiterer nicht unerheblicher Straftaten wahrscheinlich machten. Zwar erkannte das Gericht, dass die Tat an sich eine äußerste Geringschätzung des Angeklagten gegenüber der körperlichen und sexuellen Integrität der Geschädigten zum Ausdruck bringe. Allerdings war der Angeklagte bis zu diesem Zeitpunt nur geringfügig jugendgerichtlich in Erscheinung getreten, daher ging man davon aus, dass es sich bei der Tat um eine Gelegenheitstat handelte, beeinflusst von einer Gruppendynamik, und nicht Ausdruck von bereits vor der Tat im Charakter des Angeklagten angelegten Persönlichkeitsmängeln war.

So weit einige Feststellungen des Gerichtes, aus der Urteilsbegründung. Das Urteil wurde von den Tätern und deren Angehörigen noch im Gerichtssaal mit Jubel begrüßt.

REVISION

Die Staatsanwaltschaft ging gegen dieses Urteil in die Revision. Der Bundesgerichtshof hob das Urteil des Landgerichtes vor allem auch deshalb auf, weil vier der Angeklagten den Missbrauch mit dem Handy gefilmt hatten, und:

- *die 15-jährige Angeklagte dabei regelrecht Regieanweisungen gegeben habe. Dies könnte laut Bundesgerichtshof das Herstellen von Jugendpornografie bedeuten.*
- *der Haupttäter das Opfer nach der Tat hinaus in den Hinterhof schleifte und die Gruppe die kaum bekleidete 14-Jährige dann bei Temperaturen um den Gefrierpunkt liegen ließ. Laut Bundesgerichtshof käme daher eine sogenannte Aussetzung in Betracht, weil das Mädchen in eine hilflose Lage versetzt und in Lebensgefahr gebracht worden sein könnte.*
- *Zudem sah der Bundesgerichtshof den Verdacht der gefährlichen Körperverletzung durch lebensbedrohliche Behandlung – gemeint war die eisige Kälte in der Tatnacht. Die Körpertemperatur des Mädchens war auf 35,4 Grad gesunken.*

Der Prozess wurde vor dem Landgericht neu aufgerollt und der Haupttäter und zwei weitere Täter erhielten härtere Strafen: Die Strafe des Haupttäters wurde erhöht von vier Jahren auf vier Jahre und sechs Monate, die Strafen der Mittäter, die bislang Bewährungsstrafen von 16 Monaten bekommen hatten, wurden zu je einer einjährigen Haftstrafe erhöht, und die des Tatbeteiligten, der 20 Monate Jugendstrafe erhalten hatte, wurde auf zwei Jahre und neun Monate erhöht.

Hatte das erste Urteil des Landgerichtes Hamburg noch festgestellt, dass die Jugendstrafen zur Bewährung ausgesetzt werden könnten, weil die Jugendlichen bislang nicht wesentlich strafrechtlich in Erscheinung getreten waren, und daher davon ausgegangen werden könnte, dass sie ihr weiteres Leben straffrei führen würden, so stellte im zweiten Urteil das Landgericht fest, dass dies keinesfalls der Fall war.

Tatsächlich begingen die Jugendlichen bereits im Zeitraum vom ersten Urteil bis zur Revision weitere Straftaten. Das zeigte deutlich, dass das Urteil des Landgerichtes, das ihnen eigentlich eine Warnung, aber auch eine Chance hätte sein sollen, nichts dergleichen bewirkt hatte.

Erziehungsgedanke kontra Grausamkeit

An diesem Urteil ist sehr deutlich zu erkennen, dass der Erziehungsgedanke des Jugendstrafrechts bei den Gerichten oft dazu führt, dass sie sich im Wesentlichen mit dem Angeklagten und dessen weiterem Leben beschäftigen. Dabei tritt die dem Urteil zugrunde liegende Straftat manches Mal in den Hintergrund.
Die Grausamkeit der vorliegenden Tat, die Durchführung des Geschlechtsverkehrs bei einer widerstandsunfähigen Minderjährigen mit anschließendem Einführen von Bier- und Wodkaflaschen und dem Hinterlassen des völlig wehrlosen und hilflosen Opfers in eisiger Kälte in einen Hinterhof, ist von einer solchen Rücksichtslosigkeit und Missachtung geprägt, dass es für mich völlig unverständlich ist, wie in erster Instanz die Strafen zweier der drei Haupttäter zur Bewährung ausgesetzt werden konnten. Ein solch menschenverachtendes Handeln muss meiner Meinung nach deutlich in ein Urteil einfließen.

Konkrete Umstände und Verhalten nach der Tat müssen zählen

Zwar kann bei der Prognose des weiteren Lebens des Jugendlichen natürlich nicht von einer Gewissheit oder einer Wahrscheinlichkeit eines zukünftigen straffreien Lebens ausgegangen werden. Aber die konkreten Umstände einer Tat und das Verhalten nach der Tat sind durchaus zu berücksichtigende Momente. Aus dem Urteil des Landgerichtes wird deutlich, dass Gerichte oft Schwierigkeiten haben, eine negative Prognose für jugendliche Täter zu stellen, selbst nach so rücksichtslosen Tatabläufen und noch so gleichgültigen Angeklagten.

Hatte im ersten Urteil des Landgerichtes der vorsitzende Richter noch festgestellt, dass die Angeklagten schamvoll und sichtlich irritiert über ihr Handeln seien, sah dies die nunmehr zuständige vorsitzende Richterin nach der Aufhebung des Urteils durch den Bundesgerichtshof und der neuen Verhandlung ganz anders. Sie befand, dass die Angeklagten hochdefizitäre Persönlichkeitsstrukturen aufwiesen und kein normales Wertegefühl besäßen. Zu ihren Taten hätten sie nicht gestanden, stattdessen ihre Tatbeiträge kleingeredet und die Schuld auf die Mittäter geschoben. Ich frage mich, wie zwei Gerichte bei ein und denselben Angeklagten, die auch schon in erster Instanz ähnliche Stellungnahmen abgegeben hatten, so unterschiedliche Persönlichkeitsbewertungen vornehmen können.

Zugegeben, das erste Gericht konnte nicht wissen, dass die Jugendlichen nach der ersten Verurteilung wieder Straftaten begehen würden. Dennoch, Jubelschreie nach Verkündung einer Bewährungsstrafe vermögen wohl kaum den Respekt dem Opfer gegenüber und Demut aufzuzeigen.

Und wieder ein ganz anderes Urteil

Auch im nächsten Fall geht es um eine Gruppenvergewaltigung. Doch das Landgericht, vor dem der Fall verhandelt wurde, befand sich in einer anderen Stadt Deutschlands.

FALL 13

Vier junge Männer zwischen 19 und 23 Jahren waren angeklagt, eine 24-jährige junge Frau nach einer Party auf einen dunklen Schulhof gelockt und dann gemeinsam vergewaltigt zu haben. Erst einige Stunden später waren zwei Frauen auf die 24-Jährige aufmerksam geworden, die orientierungslos, mit zerzausten Haaren und halb zerfetztem Rock umhergelaufen war. Sie brachten die junge Frau zum Sicherheitsdienst, von wo aus die Polizei informiert wurde. Die Vergewaltigung hatte in einem nicht einsehbaren Bereich des Hofes stattgefunden, keine 50 Meter von der Partyhalle entfernt, in der die jungen Männer und das spätere Opfer gefeiert hatten.

DAS URTEIL

Das Landgericht verurteilte einen der Täter zu einer Strafe von sieben Jahren und sechs Monaten, zwei Täter erhielten sieben Jahre, der vierte sechs Jahre und sechs Monate. Das sind deutlich höhere Strafen als im oben geschilderten Fall 12.

Exkurs: Presseberichterstattung als Strafmilderungsgrund

Um das letzte Urteil zu beurteilen und vor allem die beiden Urteile miteinander vergleichen zu können, will ich einen kurzen Exkurs machen. Im ersten Verfahren hatte das Gericht nämlich zunächst einmal die Vorverurteilungen, die die jungen Männer durch die Presse erfahren hatten, getadelt. Angesichts unserer heutigen Presselandschaft ist dies sicherlich ein nicht unwesentlicher Aspekt, mit dem die Gerichte zu kämpfen haben.

Es ist einer unserer Rechtsgrundsätze, dass jeder Angeklagte bis zum Urteilsspruch als unschuldig zu gelten habe. Dieser Grundsatz ist deshalb so wichtig, da ansonsten die Unvoreingenommenheit der Gerichte bis zum Abschluss eines Verfahrens nicht gewährleistet ist. Ist es für einen Berufsrichter schon eine Herausforderung, sich völlig frei von Berichterstattungen aus der Presse zu machen, bevor er sich an den Richtertisch setzt, so ist dies für einen Laienrichter (die als Schöffen Teil des Landgerichtes, manchmal auch des Amtsgerichtes sind) fast unmöglich.

Medien wird von der Justiz auch oft vorgeworfen, nur über Urteile zu berichten, die hohe Auflagen versprechen. Dieser Vorwurf ist nicht von der Hand zu weisen. So werden häufig Feindbilder bedient und es wird sehr einseitig über Taten und ihre Urteile berichtet, über die sich voraussichtlich möglichst viele Leser empören – und das alles vielleicht nur im Dienst der Auflage.

Aus diesem Grund ist es mittlerweile in strafrechtlichen Urteilen anerkannt, dass auch die öffentliche Berichterstattung über einen Täter Einfluss auf dessen Strafzumessung haben kann.

Wird über einen Täter in der Presse falsch berichtet und wird der Täter dadurch diffamiert oder in einem negativen Lichte dargestellt, das nicht den Tatsachen entspricht, so kann das Gericht seine Strafe mildern.

Ebenso gemildert werden kann die Strafe, wenn beispielsweise eine sprichwörtliche Hetzjagd im Vorfeld der Verhandlung stattgefunden hat. Dies findet seine zusätzliche Begründung darin, dass der Täter durch die Vorverurteilung der Presse bereits einiges hatte aushalten müssen und damit schon einen Teil seines Unrechtes abgebüßt habe.

Vergleich der beiden Urteile

Auch wenn eine einseitige Presseberichterstattung im ersten Urteil Einfluss auf das Strafmaß gehabt haben soll, bleibt für mich unverständlich, wie Täter mit Bewährungsstrafen davonkommen, die einer Vergewaltigung zuschauen, dem Opfer nicht helfen und zudem ihrem Opfer mehrfach Gegenstände wie Wodkaflaschen in die Vagina einführen und dadurch eine besonders missachtende Haltung ihrem Opfer gegenüber zum Ausdruck bringen. Wie kann es sein, dass die Täter des Falles 13 fast doppelt so hohe Strafen bekommen? Nur weil es ein anderes Gericht, andere Richter sind? Ist das eine zuverlässige Justiz? Selbst wenn man den Altersunterschied betrachtet – im Fall 12 waren es neben dem volljährigen 21-jährigen Täter weitere 14- bis 17-jährige Jugendliche, im Fall 13 ein 23-jähriger Täter und weitere jugendliche Täter zwischen 19 und 20 Jahren –, so bleibt der Unterschied im Strafmaß unverständlich. Solch unterschiedliche Urteile bei vergleichbaren Taten werfen, selbst wenn man nicht immer alle Einzelheiten kennt, Fragen auf. Habe ich dies bisher schon mehrmals bemerkt, werden wir auch in den nächsten Kapiteln immer wieder darauf zurückkommen. Es ist eines der zentralen Probleme.

Nach der Schilderung des nächsten Falles, der zeigt, wie unterschiedlich die Wertung des Unrechtsgehaltes einer Straftat selbst innerhalb eines Gerichtes durch Staatsanwaltschaft und Gericht erfolgen kann, will ich den Versuch unternehmen, den Erziehungsgedanken des Jugendstrafrechtes einmal anders zu beleuchten. Doch zunächst:

FALL 14

Im April des Jahres 2016 wurde eine damals 13-jährige Schülerin in einem Schwimmbad sexuell belästigt. Die Belästigungen gingen von einer Gruppe Jungs aus, die zwischen 14 und 17 Jahre alt waren.
Als das Mädchen am frühen Abend dann alleine durch ein Waldstück nach Hause gehen wollte, wurde sie von diesen Jungs abgepasst. Ein 15-Jähriger und ein 14-Jähriger vergewaltigten das Mädchen dann nacheinander. Die anderen der Gruppe sahen der Tat zu und kamen dem Mädchen nicht zu Hilfe. Nach der ersten Vergewaltigung nahm die Gruppe das Mädchen mit und vergewaltigte es ein weiteres Mal auf einem einige Hundert Me-

ter weiter entfernten Parkplatz. Eine dritte Vergewaltigung sollte in einem Waldstück stattfinden, was allerdings durch eine mutige Spaziergängerin verhindert wurde.
Die Skrupellosigkeit der Täter zeigte sich auch darin, dass, wie es in solchen Fällen häufiger passiert, das ganze Szenario gefilmt wurde.
Der Haupttäter bestritt bis zum Schluss die Tat und erklärte immer wieder, der Geschlechtsverkehr sei einvernehmlich gewesen.

Die Staatsanwaltschaft beantragte gegen den 15-jährigen Haupttäter eine Haftstrafe von sieben Jahren und für den 14-Jährigen eine solche von fünf Jahren und acht Monaten.

DAS URTEIL
Das Gericht blieb weit unter diesen Anträgen, verurteilte dennoch den 15-Jährigen zu einer Freiheitsstrafe von vier Jahren und neun Monaten und seinen 14-jährigen Mittäter zu einer solchen von vier Jahren. Weitere Angeklagte erhielten in diesem Verfahren drei Jahre Freiheitsstrafe sowie zwei Jahre und neun Monate. Zwei Strafen wurden zur Bewährung ausgesetzt.

Dass die Staatsanwaltschaft diese Verbrechen durchaus als schwerwiegend ansah, kann man an deren Strafanträgen erkennen. Die ausgesprochenen Urteile wiederum lassen erkennen, wie stark der Erziehungsgedanke bei der Urteilsfindung durch das Gericht wirkte.

Gefängnis kann auch eine Chance sein

Niemand weiß genau zu beurteilen, ob eine Bewährungsstrafe oder eine Haftstrafe von zweieinhalb, drei oder fünf Jahren dem Erziehungsgedanken entsprechen oder widersprechen. Allein die Tatsache, dass die meisten Jugendlichen keine Straftaten mehr begehen, wenn sie aus dem Jugendalter heraus sind, reicht für eine solche Feststellung wohl kaum aus.

Stellen Sie sich einen Jugendlichen vor, der bereits zwei offene Bewährungsstrafen mit sich herumschleppt. Stellen Sie sich vor, dass dieser Jugendliche zu Hause keinerlei Halt hat, dort unter widrigsten Umständen mit zwei drogenabhängigen Eltern zusammen in einer kleinen Zweizimmerwohnung leben muss. Er hat keine Rückzugsmöglichkeit und selbst schon seit Jahren Drogenprobleme. Sein Lebensmittelpunkt ist eine Gruppe gefährdeter Jugendlicher. Kann man von einem solchen Jugendlichen, der keine Aussicht auf eine Lehrstelle besitzt, erwarten, dass bei ihm der erzieherische Gedanke eines milden Urteils ankommt?

In solchen Fällen ist eine Bewährungsstrafe wohl kaum die Chance, die der Jugendliche verdient, wohl kaum die Lösung, die dem Erziehungsgedanken am nächsten kommt. Denn die Chance, noch einmal in Freiheit zu leben, kann eine schlechte Chance sein, wenn das Umfeld ihn nicht schützt und er in Ruhe seinen Weg in ein straffreies Leben gehen kann.

Würde es in einem solchen Fall dem Erziehungsgedanken widersprechen, wenn man diesem Jugendlichen anstelle einer Bewährungsstrafe eine Haftstrafe auferlegen würde, die ihm die Chance auf einen Lehrabschluss verschafft? Sollten wir nicht die Voraussetzungen schaffen und die finanziellen Mittel zur Verfügung stellen, die sicherstellen, dass er in der Haft zur Ruhe kommen kann und gleich nach der Haftentlassung die Chance auf einen Berufseinstieg hat? Stattdessen ist es üblich, grundsätzlich davon auszugehen, der Erziehungsgedanke gebiete es, stets eine Bewährungsstrafe auszuurteilen. Frei nach dem Satz „In einer Haftanstalt ist noch keiner zu einem besseren Menschen geworden".

Wird jemand in Haft zum besseren Menschen?

Tatsächlich bin auch ich der Meinung, dass die Haft nicht prinzipiell bessere Menschen macht. Allerdings müssen wir uns mit der Frage auseinandersetzen, ob Haft gleich Haft ist. Denn qualitativ ist es sicherlich ein Unterschied, ob ich einen Jugendlichen in einer Haftzelle sitzen habe, der nichts tut, oder aber ob dieser Jugendliche einer Arbeit nachgeht, das heißt die Chance bekommt, einen Lehrabschluss machen zu können, und darin natürlich auch seine eigenen Zukunftsaussichten ansteigen sieht. Wenn der Jugendliche sich darüber hinaus noch in einer Arbeitsgruppe befindet, die sich beispielsweise mit Konfliktlösungen bei Vorfällen von Aggression und körperlicher Gewalt beschäftigt, so kann auch das dem Erziehungsprozess förderlich sein und damit dem Erziehungsgedanken entsprechen.

Vielleicht entspricht es ihm sogar mehr als eine Bewährungsstrafe mit dreijähriger Bewährungszeit, in der der Jugendliche in seinem bisherigen Umfeld und seinen bisherigen Einflüssen allein gelassen wird.

Vielleicht sollten wir darüber nachdenken, im Rahmen eines großzügigen Vollzugsverlaufes den Erziehungsgedanken anders zu gestalten. Was wäre zum Beispiel, wenn Bewährungsaussetzungen bei Intensivtätern erst über erfolgreiche Berufsausbildungen und durch das Feststellen einer dadurch erlangten positiven Prognose ermöglicht würden? Das gäbe denjenigen, die diese Chance wirklich ergreifen wollen, eine Zukunft. Und der Gesellschaft junge Menschen, die aus ihren Strafen etwas gelernt haben.

Natürlich bin ich ein großer Verfechter des Erziehungsgedankens, denn ich habe tatsächlich schon viele junge Menschen vertreten, die schon alleine von ihrem ersten Auftritt vor einem Gericht, aber auch einem Jugendarrest so beeindruckt waren, dass es bei diesem einen Mal geblieben ist. Aber, wie oben geschildert, man muss sich wirklich mit der persönlichen Situation des Jugendlichen beschäftigen und mit Empathie entscheiden, was für den Einzelnen die bessere Maßnahme ist.

KAPITEL 7

WO BLEIBEN DIE OPFER?

WIR MÜSSEN OPFER STÄRKEN

Wenn wir über das Entstehen von Urteilen sprechen, das heißt über die Frage „Warum ist dieses oder jenes Urteil in welcher Höhe ergangen?", so müssen wir uns auch immer Gedanken über Belange der Opfer machen.

Dazu gehört zuallererst das Bewusstsein darüber, dass ein Opfer nicht verantwortlich für die Handlung eines Straftäters ist.

Umso befremdlicher sind Aussagen, die immer wieder so oder so ähnlich in verschiedenen Urteilsbegründungen auftauchen. Darin steht dann, das Geständnis habe sich positiv für den Täter ausgewirkt, weil damit auch dem Opfer ein neues Durchleben der Tat vor Gericht erspart bleibt. So weit, so gut. Bemerkenswert sind allerdings immer wiederkehrende Feststellungen in Urteilen, dass ein solches Geständnis dem Opfer auch die Möglichkeit gibt, von einer Schuld erleichtert zu werden, die es möglicherweise selbst empfindet.

Dies scheint mir ein Argument zu sein, das diskussionswürdig ist. Denn ein Opfer dürfte sich nie schuldig fühlen müssen.

Opfer sind nicht mitverantwortlich

Wir erkennen in einem Strafprozess an, dass das Opfer darunter leidet, Opfer geworden zu sein. Dieses Empfinden ist aber wohl nicht nur darin begründet, dass das Opfer sich dem Verlangen des Täters unterlegen gemacht hat. Offensichtlich empfinden Opfer auch eine eigene Schuld, die nicht nur das Bewusstsein ihrer eigenen Schwäche, sondern auch eine Mitverantwortung an der Tat bedeutet – selbst wenn eine solche Mitverantwortung nicht gegeben ist. Weil nun der Täter dem Opfer durch ein Geständnis diese Mitverantwortung an der Tat nimmt, bekommt er einen „Rabatt" auf seine Strafe.

Dass ein Geständnis das Opfer davor bewahrt, die erlittene Tat vor Gericht noch einmal durchleben zu müssen, ist unbestritten. Verkennen wir aber bei dieser Argumentation nicht, ein Geständnis befreie das Opfer auch von eigenem Schuldempfinden, dass wir damit Opfer von Straftaten nachträglich wieder in die Rolle des Unrecht-Habenden versetzen. Es kann doch nicht allen Ernstes sein, dass das Opfer einer Straftat sich selbst mitverantwortlich empfindet, deshalb Schuldgefühle in sich trägt, sich also selbst im Unrecht fühlt. Wenn das so ist, dann ist es doch an uns als Gesellschaft, die einzelnen Mitglieder unserer Solidargemeinschaft so zu festigen – und sei es auch im Nachhinein –, dass sie sich als Opfer im Recht fühlen und nicht im Unrecht.

Es ist mir unverständlich, wie ein Opfer, das zusammengeschlagen oder aber vergewaltigt worden ist, sein eigenes Handeln als Unrecht empfinden kann. Tatsächlich kenne ich dieses Phänomen aber aus einigen Berichten. Einige stammen aus der Zeit des Nationalsozialismus. Auch damals war es so, dass die Verfolgten sich zum Teil als mitschuldig empfanden. Sie warfen sich das Nicht-wehren-Können als Schwäche vor. Das waren die Opfer eines Unrechtstaates. Ähnlich ist leider oftmals das Empfinden von Straftatopfern.

Deswegen muss bei Strafverfahren, in denen Opfer involviert sind, der Gedanke der „Stärkung des Opfer-Selbstverständnisses“ eine wesentliche Rolle spielen.

Die Verantwortung der Gesellschaft

Dazu gehört auch ein neues Verständnis für die Opfer in unserer Gesellschaft. Dass sich dies derzeit in Schieflage befindet, zeigen Aussagen wie „Ich will doch kein Opfer sein!“ oder Beleidigungen wie „Du Opfer!“. Ist der Begriff „Opfer“ etwas geworden, für das man sich schämen muss? Betrachten wir in unserer Gesellschaft die Stellung eines Opfers tatsächlich als minderwertig? Sollte dem so sein, so wäre es an uns, schnellstmöglich etwas zu ändern.

Aber auch die Aufklärung der Opfer über ihre Rechte erfolgt oftmals nach dem Zufallsprinzip. Kümmert sich ein Opfer nicht selbstständig auch um rechtliche Hilfe, bekommt es selten Hinweise über die eigenen juristischen Möglichkeiten wie beispielsweise die der Nebenklage.

Wenn uns aber die Stärkung des Opfers nicht schon durch das Bewusstsein unserer Gesellschaft im Vorhinein gelingt, so muss dies wenigstens im Nachhinein und nicht nur durch eine therapeutische Hilfestellung, sondern auch durch die Gerichte und deren Entscheidungen geschehen. Ein Opfer sollte mit aufrechtem Rücken, sehr selbstbewusst, daran mitwirken, denjenigen, der sich an ihm schuldig gemacht hat, zu überführen und im gesetzlich vorgegebenen Rahmen sanktionieren zu lassen.

Opfer sind nicht Menschen

Dazu gehören aber auch Urteile, die den Opfern einer Straftat das Gefühl vermitteln, dass sie als Mensch in ihrer Wertigkeit erkannt werden und nicht einfach nur Objekt eines Strafprozesses sind. Hier ist besonders zu beachten, welch belastende Folgen die Tat für das Opfer hat, seien es nun psychische Folgen oder physische Folgen, also die Frage, welche körperlichen Schäden das Opfer erlitten hat, ob die Verletzungen schon ausgeheilt sind oder ob ein dauerhafter körperlicher Schaden bleibt. Auch sind die finanziellen Schäden des Opfers zu beachten: Hatte es Aufwendungen, um wieder zu gesunden, gab es oder wird es durch die Straftat einen Verdienstausfall geben? All dies sind Gründe, die bei der Strafzumessung, das heißt bei der Urteilsfindung, beachtet werden müssen. Aber eben nicht als kalte Fakten eines Strafprozesses, sondern als Folgen der Straftat, die einen Menschen sehr persönlich betreffen.

Es geht auch anders

Nun mag man anführen, dass die Gerichte aufgrund der hohen Anzahl von Verfahren keine Zeit haben, sich der einzelnen Verfahrensbeteiligten anzunehmen. Ich habe da anderes erlebt, so erst kürzlich vor dem Landgericht Hechingen. Auch da haben die Richter neben den Vorbereitungen auf die Verfahren drei bis vier Verhandlungstage pro Woche zu absolvieren. Dennoch nahm sich der vorsitzende Richter so viel Zeit für jeden einzelnen Verfahrensbeteiligten, dass am Ende ein jeder den Eindruck hatte, er sei in diesem Verfahren mit Respekt und Anerkennung behandelt worden. Das ist nicht immer so. Wenn es aber nur ein Mangel an Kapazität, das heißt an Zeit für den Einzelnen, ist, so müssen wir die notwendigen Mittel zur Verfügung stellen, sodass die Gerichte sich wiederum die notwendige Zeit nehmen können. Denn es ist nicht akzeptabel, Opfer von Straftaten allein und hilflos dastehen zu lassen.

Ein Mittel übrigens, das für viele Opfer eine große Hilfe ist, ist der sogenannte Täter-Opfer-Ausgleich. Ein sehr gutes Beispiel dafür finden Sie in Kapitel 14.

Folgen für das Opfer

Wurde in den bereits geschilderten Fällen das Strafmaß nicht unbedingt den Folgen für das Opfer gerecht, so finde ich dieses Missverhältnis in den folgenden Fällen von Einbruch bis Mord (oder eben doch nur Körperverletzung) besonders eklatant.

FALL 15

Ein Mann hatte mit zwei Freunden gemeinsam eine Wohnung renoviert und danach ein paar Bier getrunken. Tatsächlich war er stark angetrunken, er hatte zwei Promille Blutalkoholspiegel. Die Hobbyhandwerker wurden auf dem Nachhauseweg von Jugendlichen aufgemischt. Nach einem kurzen Wortwechsel versetzte der spätere Täter dem Opfer aus einer Drehung heraus einen Faustschlag. Das Opfer stürzte, verlor das Bewusstsein und fiel so unglücklich mit dem Kopf auf die Steine, dass es an den Folgen des Sturzes verstarb.

DAS URTEIL
Der Täter erhielt eine Bewährungsstrafe mit Auflagen.

Können Sie sich noch an die Urteile aus Hamburg zu den G20-Krawallen erinnern? Die körperlichen Folgen für die Polizisten, die von den Flaschen getroffen wurden, waren gleich null. Hier hingegen verstarb ein Mensch, wenn auch durch unglückliche Umstände, die aber dennoch durch einen heftigen Faustschlag ausgelöst wurden. Macht sich da nicht für den einen oder anderen Unverständnis breit? Noch dazu, wenn das Gericht den zum Tatzeitpunkt 18-jährigen Täter als perspektivlos bezeichnet hat?

Kann der Präventionsgedanke bei Strafurteilen so stark sein, dass man einmal für das Werfen von zwei Flaschen zwei Jahre und sieben Monate Freiheitsstrafe erhält und ein anderes Mal zwei Jahre zur Bewährung für einen gezielten Faustschlag, dessen Opfer zu Tode kommt? Selbst wenn das „nur“ die unvorhersehbare Folge des Faustschlags war? Noch einmal: Die körperlichen Folgen beim G20-Flaschenwurf waren gleich null.

Fatale Folgen

Wie dramatisch die Folgen einer Tat nicht nur für die Opfer selbst, sondern auch für dessen Umfeld sein können, zeigt der nächste Fall.

FALL 16

Ein 27-jähriger Mann lockte eine Sechsjährige in einer Flüchtlingsunterkunft zu sich und missbrauchte das Mädchen.
Der Missbrauch bestand im Wesentlichen darin, dass der Täter das sechsjährige Mädchen entkleidete und es im Schambereich berührte. Das Kind selbst erklärte bei der Polizei, der Täter habe es im Schambereich gebissen.

Zwar konnte der Täter von Mitbewohnern in der Flüchtlingsunterkunft gestellt werden. Doch was sich dann ereignete, glich einem Drama: Der Vater des missbrauchten Kindes kam hinzu und drohte dem Täter mit einem Messer und begann auch ihn zu attackieren. Noch währenddessen wurde er von der inzwischen gerufenen örtlichen Polizei erschossen.
Der Täter legte ein umfassendes Geständnis ab, durch das dem Kind (wenigstens) eine Befragung vor Gericht erspart blieb.

DAS URTEIL
Der Täter erhielt eine Freiheitsstrafe von einem Jahr und acht Monaten, die zur Bewährung ausgesetzt wurde.

Den zweiten Teil dieses dramatischen Ereignisses, die Tötung des Vaters, will ich zunächst außen vor lassen.

Es stellt sich aber doch die Frage, wie mit einem solchen Täter, der ein sechsjähriges Kind sexuell missbraucht, umgegangen werden kann. In seiner Vernehmung soll er geäußert haben, dass es ihm gleichgültig gewesen sei, ob es sich um eine Frau oder um ein sechsjähriges Mädchen gehandelt habe. Was soll man aber von einer solchen Aussage halten? Da ist ein Mann, dem es völlig gleichgültig ist, mit wem er sein sexuelles Bedürfnis befriedigt. Kann man da von einer Prognose sprechen, die eine Bewährung rechtfertigt?

Ich will nicht verhehlen, dass ich dieses Urteil für sehr kritikwürdig halte. Zwar kann man die Auffassung vertreten, dass der zweite Teil des Falles, nämlich die versuchte Selbstjustiz des Vaters und dessen daraus folgende Tötung, nichts mit dem ersten Teil des Falles zu tun hat. Führt man sich aber vor Augen, dass der Täter ein Landsmann des Vaters war, so muss man davon ausgehen, dass er dessen emotionale Reaktion erahnen konnte. Das heißt nicht, dass er mit der Selbstjustiz rechnen musste, wohl aber die Verantwortung dafür zumindest mitzutragen hat, dass sein Opfer nunmehr ohne Vater aufwachsen muss. In meinen Augen ist hier ein Urteil ergangen, das nicht geeignet ist, die tatsächlichen Folgen für das Opfer zu würdigen und das Sanktionsbedürfnis der Mitmenschen gemessen zu befriedigen.

Eine Bemerkung am Rande zur Presseberichterstattung

Von diesem Fall wurde tatsächlich sehr unsachlich in der Presse berichtet. Deshalb möchte ich hier noch einmal kurz auf die Verantwortung der Presse und die verheerende Wirkung von undifferenzierten Presseberichten eingehen.
Berichtete im obigen Fall eine Zeitung über den Tathergang als „möglichen sexuellen Missbrauch", so findet sich in anderen Berichterstattungen der Tatvorwurf einer „Vergewaltigung" wieder. Diese beiden Tatbestände erwecken beim Leser solcher Berichte natürlich völlig andere Straferwartungen.

Der Leser muss aber von Zeitungsberichten erwarten können, dass sie sich, mit dem Tatgeschehen detailliert auseinandersetzen. Natürlich ist es auch am Leser, sehr genau zu lesen und sich nicht nur mit den Schlagzeilen zu beschäftigen, aus denen dann der Ruf nach Haft und Strafen resultiert.

Relation von Tat und Strafe auch aus Opfersicht

In den folgenden Fällen möchte ich vor allem auf ein Thema eingehen, das sich durch das ganze Buch zieht: die sehr unterschiedliche Bewertung von Urteilen bei ähnlichen Taten. Aus Opfersicht sind diese Unterschiede fatal.

FALL 17

Alles fing mit einer Beleidigung an. Die junge Frau wurde von einem fremden Mann als „Fotze" und „Türkenschlampe" beschimpft. Ihr Freund, das spätere Opfer, hatte den Fremden dann am Arm angefasst und zu ihm gesagt, dass man so nicht mit einer Frau rede. Daraufhin wurde ihm sofort eine Bierflasche ins Gesicht geschleudert. Die Mitglieder der Gruppe, aus der der Angreifer kam und die offensichtlich einen Junggesellenabschied feierten, hatten allesamt kurz geschorenes Haar und waren durch die Bank vorbestraft wegen Schlägereien, Nötigungen, Volksverhetzung und Ähnlichem. Das Opfer wurde noch als „Scheißtürke" und „Scheißvieh" beschimpft, während die Täter auf ihn einschlugen und mit den Füßen auf dessen Kopf einstampften. Die Freundin des Opfers beschrieb später, dass ihr Freund am Ende nur noch gezuckt habe, sein Kopf wäre Matsch gewesen. Dass diese Beschreibung nicht übertrieben war, zeigen die Verletzungen des Opfers. Er hatte eine eingetretene Schädeldecke und gebrochene Gesichtsknochen. Bis heute sind die Schädelplatten eingedrückt und werden mit Titanplatten zusammengehalten. Nur mit einer Notoperation konnte der Mann gerettet werden und lag im Anschluss 14 Tage im Koma. Neun Angeklagte, im Alter von 24 bis 33 Jahren, saßen auf der Anklagebank, allesamt nachweislich aus der rechten Szene.

Die höchste Haftstrafe, die die Staatsanwaltschaft beantragt hatte, belief sich auf neun Jahre und zwei Monate.

DAS URTEIL

Vier der Täter erhielten Haftstrafen zwischen fünf Jahren und acht Jahren und zwei Monaten. Fünf Männer wurden freigesprochen.

Bevor ich einige Worte zu diesem Urteil verliere, zunächst etwas Theoretisches zur rechtlichen Würdigung: Der Bundesgerichtshof begründet eine gemeinschaftliche Körperverletzung folgendermaßen: Bei einer gemeinschaftlichen Körperverletzung muss sich jeder Täter den Tatbeitrag des anderen zurechnen lassen. Dies allerdings nur dann, wenn diejenigen, die nicht selbst zugeschlagen haben, die Peiniger aktiv physisch oder psychisch in einer

Weise unterstützen, die sich als Demonstration von Eingriffsbereitschaft und damit als Erhöhung der aktuellen Gefahr darstellt.

Was genau das Gericht zum einzelnen Tatbeitrag der neun Angeklagten festgestellt hat, ist mir nicht bekannt. Aber wie mag man sich eine Horde von neun Kahlrasierten aus der rechten Szene vorstellen, die, mit einem Bierkasten bewaffnet, einen Junggesellenabschied feiern?! Werden vier zugetreten und zugeschlagen haben, während sich die anderen fünf passiv abgewendet haben? Haben dem Gericht die Aussagen der anderen Opfer, der beleidigten Freundin und eines weiteren Passanten nicht gereicht? Oder waren diese Angaben zu ungenau?

Ein völlig fehlender Tatbestand

Und was ist eigentlich mit dem Tatbestand der unterlassenen Hilfeleistung? Wären die fünf angeblich Unbeteiligten der Gruppe nicht verpflichtet gewesen, spätestens nachdem ihre Kumpanen vom Opfer abgelassen hatten, Hilfe für den mit eingeschlagenem Schädel am Boden liegenden Menschen zu holen? Wäre dieser Tatvorwurf nicht einer gewesen, den die Staatsanwaltschaft hätte anklagen können oder sogar müssen?

An diesem Beispiel wird deutlich, was ich meine, wenn ich sage: Es müssen nicht härtere Gesetze her, aber wir brauchen Urteile, die konsequent, verständlich, verlässlich und entsprechend der Folgen der Tat für das Opfer sind.

Anträge der Staatsanwaltschaft und gesprochene Urteile liegen oft weit auseinander

Dass es eben oft genau an diesen Anforderungen nach Verständlichkeit, Verlässlichkeit und der Beachtung der Folgen der Tat für das Opfer mangelt, zeigen auch Fälle, bei denen die Anträge der Staatsanwaltschaft und das Urteil des Gerichtes sehr weit auseinanderliegen. Fälle, bei denen man sich fragen muss, wo insbesondere die Folgen der Tat beachtet wurden. Wie hier.

FALL 18

Das spätere männliche Opfer hatte offensichtlich selbst einen Streit initiiert und zwei der späteren Angeklagten massiv beleidigt. Beide Täter holten daraufhin Verstärkung durch ihren jüngeren Bruder, der auch sogleich kam. Das Opfer wurde ruhiggestellt, indem es Faustschläge und Fußtritte erhielt. Als sich das Opfer in ein Lokal zurückgezogen hatte, folgte ihm einer der Täter mit Quarzsandhandschuhen bewaffnet und schlug ihm mehrfach mit den Fäusten ins Gesicht. Durch die Schläge taumelte das Opfer mit dem Hinterkopf auf den Fußboden.

Es erlitt schwere Schädelverletzungen, ist seit der Tat geistig eingeschränkt und auf einen Rollstuhl angewiesen. Über die Angeklagten wird berichtet, dass sie sich gleich nach der Tat per SMS über das Opfer lustig gemacht hätten.

Allerdings gestanden sie ihre Tat, zeigten schon vor Verhandlungsbeginn Reue und zahlten dem Opfer darüber hinaus ein Schmerzensgeld von 16.000 Euro.

Die Anklage lautete auf versuchten Totschlag. Die Staatsanwaltschaft beantragte eine fünfjährige Freiheitsstrafe.

DAS URTEIL
Verurteilt wurden die Täter wegen schwerer gemeinschaftlicher Körperverletzung. Der Haupttäter erhielt eine Freiheitsstrafe von zwei Jahren, die beiden Mitangeklagten von je sechs beziehungsweise neun Monaten. Alle Strafen wurden zur Bewährung ausgesetzt.

Auch wenn das Opfer den Streit selbst initiiert hatte, es bekam keine „Bewährung“. Der Mann ist seit der Tat auf einen Rollstuhl angewiesen und geistig behindert.

Wie schon eingangs erwähnt, erstaunt hier wieder einmal die Diskrepanz zwischen dem Antrag der Staatsanwaltschaft und dem Urteil des Gerichtes. Der eine hält eine zweijährige Strafe für angemessen, der andere eine fünfjährige. Noch deutlicher wird dieser Unterschied, wenn man das in Prozenten ausdrückt. So hat die Staatsanwaltschaft das Maß der Schuld um über 150 Prozent höher eingestuft, als es das Gericht tat.

Diese Urteile verdeutlichen, wie weich unsere Strafzumessungsregeln sind und wie unterschiedlich ihre Wertung vorgenommen werden kann. Nicht ohne Grund gibt es in der jüngsten Vergangenheit, so zum Beispiel erst kürzlich auf dem Juristentag des Jahres 2018, erhebliche Diskussionen über die Strafzumessungsregelungen bei deutschen Strafrechtsurteilen. Dazu kommen wir noch in Kapitel 11.

Nicht nur Gewalttaten haben Folgen für das Opfer

Zuvor aber zwei kleine Fälle, bei denen es mir gar nicht um das Urteil geht (die waren akzeptabel), sondern darum, welche Folgen relativ „harmlose" Taten bei Opfern verursachen können: beispielsweise Einbruchdiebstähle.

FÄLLE 19 UND 20

In beiden Fällen habe ich die Opfer, zwei ältere Herrschaften, vertreten.
Im ersten Fall war das Opfer eine ältere verwitwete Dame, die alleine lebte. Zweimal sind die Täter in ihr Haus eingebrochen. Beim ersten Mal haben sie ihr wertvollen Schmuck gestohlen und beim zweiten Mal, zwei Jahre später, die Erinnerungsstücke der Familie. Schon nach dem ersten Einbruchdiebstahl hatte sie das Gefühl, jemand Fremdes sei in ihr Privatestes eingedrungen, habe ihren ureigensten Schutzraum verletzt und beschmutzt. Nach dem zweiten Einbruchdiebstahl war für sie die Geborgen-

heit und die Innigkeit ihres Eigenheims verschwunden. Sie fühlte sich in ihren eigenen vier Wänden wie eine Fremde und hatte damit eigentlich ihr Zuhause verloren.

Beim zweiten Mandanten, einem älteren Herrn, der mit seiner Ehefrau zusammenlebte, war es anders. Er war von einem Einkauf am frühen Abend zurückgekommen und sah seine Eingangstüre eingetreten. Die Schubladen waren durchwühlt und die Wohnung verdreckt. Von diesem Moment an hatte ihn die Angst vor weiteren Einbrüchen gepackt. Er war so verunsichert, dass er sich, als die Täter gefasst, inhaftiert und vor Gericht gestellt worden waren, nicht in den Gerichtssaal traute. Er rief mich am Tag der Hauptverhandlung an und fragte mich, ob es irgendwie zu vermeiden sei, dass er vor Gericht seine Aussage machen und dabei den Tätern gegenüberstehen müsse. Nachdem ich mit dem vorsitzenden Richter telefoniert hatte, wurde er vom Erscheinen als Zeuge befreit. Das Gericht hatte ausreichend andere Beweise und Zeugen, die über die Straftaten der Täter berichten konnten.

Was aber bleibt, ist die Erkenntnis, dass Opfer von Einbruchdiebstählen nicht nur von der Angst befallen sind, es könne nochmals jemand in ihr Heim einsteigen, sondern dass ihnen ihr Heim durch den Einbruch so entfremdet ist, dass sie damit ihren höchst privaten Rückzugsort, ihr Zuhause, womöglich verloren haben.

Deals zum Opferschutz?

Ein Deal bedeutet, dass sich das Gericht, die Staatsanwaltschaft, die Verteidigung und eventuell die Nebenklage darüber unterhalten, ob man sich nicht unter Berücksichtigung der Belange aller Verfahrensbeteiligten auf ein Strafmaß einigen kann. Deals kommen in Strafgerichtsverfahren relativ häufig vor. Dies, um einen langwierigen Prozess mit umfangreicher Beweisaufnahme zu vermeiden, aber auch, um den Opfern eine belastende Vernehmung zu ersparen. Prinzipiell ist gegen einen solchen Deal also nichts zu sagen.

Sogenannte Deals sind allerdings oft Beispiele, die die Diskrepanz zwischen dem Urteil und den Erwartungen eines Großteils der Bevölkerung in besonderem Maße offensichtlich machen. Denn nicht jeder Deal schützt ein Opfer wirklich, wie der folgende Fall zeigt.

FALL 21

Der Täter hatte sein Opfer nicht nur vergewaltigt, er hatte nicht nur den sexuellen Übergriff gefilmt, sondern auch, wie sehr die Frau litt und weinte, als er sich an ihr verging. Nach der Tat hatte er der Frau dann damit gedroht, das Sexvideo ihren sehr konservativen Eltern und auch ihrem gesamten Freundeskreis zuzusenden, wenn sie ihn verraten würde. Das Opfer hatte in diesem Fall also nicht nur mit den körperlichen Folgen einer Vergewaltigung und der damit einhergehenden Demütigung zu kämpfen, die junge Frau musste auch allein versuchen, dieses Erlebnis für sich zu verarbeiten, da sie aufgrund der Drohung mit niemandem reden konnte.

DAS URTEIL

Der Täter erhielt vom Gericht eine zweijährige Strafe, die zur Bewährung ausgesetzt wurde.

Auf den ersten Blick scheint diese Urteil unfassbar zu sein. Allerdings hatte es, wie erwähnt, hier einen sogenannten Deal gegeben, der das Opfer schützen sollte.

In diesem Fall war es, laut eigener Aussage des Opfers, von großer Bedeutung, dass sich der Täter in den nächsten Jahren von ihr fernhalten würde. Die junge Frau erhoffte sich dadurch ein Sicherheitsgefühl. Die Anwältin des Opfers äußerte sich auch nach der Urteilsverkündung zufrieden. Aber was darf oder muss ein Anwalt seiner Mandantin raten? Wie weit geht der anwaltliche Rat? Darf ich als Nebenklägervertreter mit einem milden Urteil zufrieden sein, weil das Opfer Angst vor der Rache des Täters hat? Oder ist es auch die Aufgabe des Nebenklägervertreters, dafür Sorge zu tragen, dass das Opfer sich sicher fühlt und nicht im Gerichtsverfahren nochmals eine Demütigung einsteckt? Sicherlich ist diese Frage von Fall zu Fall sehr differenziert zu beantworten.

Dennoch muss man sich mit der Frage auseinandersetzen, ob man einem Täter, der offensichtlich Druck auf das Opfer ausgeübt hat, so entgegenkommen kann, dass er noch einmal eine Bewährungsstrafe bekommt – dies mit dem Argument, das Opfer hätte damit in Zukunft Ruhe vor ihm.

Diese Ruhe hätte das Opfer sicherlich auch gehabt, wäre der Täter in einer Gefängniszelle gelandet. Nur hatte er wie gesagt das Opfer vermutlich schon vor Prozessbeginn entsprechend eingeschüchtert. Machen wir uns die Überlegung zu eigen, dass wir Opferrechte stärken wollen, dann müssen wir auch die Opfer selbst stärker machen.

Allzu oft ist es heute immer noch so, dass sich Opfer wegen der an ihnen begangenen Taten schämen. Würden wir anerkennen, dass eine an einem Menschen begangene Straftat für diesen keine Schmach ist, wäre es für die Opfer sicherlich leichter, in einem Strafprozess ihren Anspruch auf Genugtuung und Sanktion selbstbewusster zu verfolgen.

Eine Möglichkeit in obigem Verfahren wäre auch gewesen, gegen den Täter ein Näherungsverbot durchzusetzen und zudem auf einer Haftstrafe zu beharren. An ein solches Näherungsverbot hätte sich der Täter auch noch nach der Haft halten müssen. Sicherlich werden wir nie in die Gefühlswelt der einzelnen Verfahrensbeteiligten hineinsehen können. Es wäre theoretisch ja auch denkbar, dass das Opfer und der Täter „Frieden" geschlossen hatten, dass dem Opfer nicht mehr viel an der Strafverfolgung des Täters gelegen war. Den öffentlichen Berichterstattungen zu diesem Verfahren konnte ich das allerdings nicht entnehmen.

Wichtiges Instrument Nebenklage

Die Nebenklage ist ein wichtiges Instrument, das Opfern zur Verfügung steht, um ihre Belange vor Gericht nachdrücklich zu verfolgen. Ich habe schon am Anfang dieses Buches erwähnt, dass Strafverteidiger auch als Vertreter der Nebenkläger vor Gericht auftreten können. Und ich habe davon gesprochen, dass ich persönlich von allen Fällen, die ich als Nebenkläger vertreten habe, gelernt habe. Durch diese Vertretungen habe ich eine viel tiefere Einsicht in die Folgen einer Straftat erhalten. Und ich habe erfahren, was der „Täter-Opfer-Ausgleich" wirklich bedeutet und wie wichtig ein „ehrliches Geständnis" für das Opfer sein kann.

Es geht nicht um Jobs für Anwälte

Vor Kurzem war ich also selbst einmal wieder Vertreter der Nebenkläger in einem Strafverfahren. Nach Abschluss des Verfahrens rief mich der Richter an und sagte. „Wissen Sie was? Jetzt habe ich erst verstanden, was Nebenklage bedeutet." Ich glaube, bis dahin hatte er den Eindruck – ich hoffe, nicht durch allzu viele Kollegen –, in der Nebenklage säßen nur gelangweilte Anwälte, die kaum Interesse zeigten, sich am Verfahren zu beteiligen, und einfach ihre Gebühren kassieren wollten. Offensichtlich hatten aber einige dieser Kollegen den Eindruck vermittelt, es reiche, dass der Staatsanwalt seinen Job macht. In diesem Verfahren haben wir dem Gericht aber gezeigt, dass wir über Informationen verfügen, die weder Staatsanwaltschaft noch Polizei hatten – vielleicht auch, weil ihnen die Zeit für diese detaillierte Ermittlung fehlte. Hier der Fall:

FALL 22

Es ging um einen Familienstreit. Eine Frau wollte sich von ihrem Mann trennen. Am Sonntagmorgen tauchte er bei der Familie auf und begann mit seiner Noch-Frau zunächst einen Streit in der Küche. Als sie die Küche verließ und ins Wohnzimmer ging, rannte er ihr hinterher und schoss zweimal in ihre Richtung. Alle vier Kinder waren im Raum. Eine der Töchter versuchte, sich zwischen Mutter und Vater zu stellen, und wurde dabei durch einen Schuss an der Hand getroffen. Danach schob ihr Vater sie zur Seite, beugte sich über die Mutter, setzte die Waffe auf und schoss ihr noch zweimal in den wehrlosen Körper.

Die Verteidigung wollte das Gericht und die anderen Verfahrensbeteiligten, also auch uns, glauben machen, der Familienvater sei gerade an diesem Morgen von der Trennungsabsicht seiner Frau derart von seinen Emotionen überwältigt gewesen und habe deshalb die Waffe, die er nur per Zufall auf dem Dachboden seines Vaters gefunden hätte (auf diese haarsträubende Geschichte will ich gar nicht näher eingehen), im Affekt gezogen.

Wir hatten aber Informationen aus der Familie über regelmäßige Gewaltübergriffe des Täters auf seine Ehefrau und die Kinder. Die Polizei hatte, weil vielleicht auch die Anhaltspunkte fehlten, diesen Punkt nicht weiter beleuchtet. Ohne die Nebenklage wäre es höchstwahrscheinlich nie zur Sprache gekommen.

In unserem Telefonat sagte mir der Richter jedenfalls: „Das ist Nebenklage! Sie haben im Verfahren einen wichtigen Beitrag geleistet zum Prozess."

Und genau aus diesem Grund wird das Instrument der Nebenklage immer wichtiger. Weil der Justiz oft die Mittel zu detaillierter Ermittlung fehlen. Wir müssen dieses Instrument der Nebenklage stärken – deren Kosten inzwischen auch von einigen Rechstschutzversicherungen übernommen werden.

Natürlich vertritt auch die Staatsanwaltschaft die Opfer. Doch, wie auch der gerade geschilderte Fall zeigt, hat der Anwalt der Nebenkläger meist einen deutlich tieferen Einblick in die gesamten Lebensumstände des Opfers und seine Sicht auf die Tat. Den Opfern wird damit mindestens eine eigene Stimme gegeben, die viel deutlicher vernommen wird als in einer reinen Zeugenaussage. Und eine Stimme zu haben, über das an einem selbst begangene Unrecht auch sprechen zu können, ist oft ein wichtiger Schritt im Heilungsprozess, im Überwinden einer Straftat, die an einem selbst oder einem Angehörigen begangen wurde.

KAPITEL 8

URTEILS-FINDUNG – EIN LANGER PROZESS

WIE KOMMT EIN URTEIL ZUSTANDE?

Lesen oder hören Sie von Fällen, wie ich sie bisher beschrieben habe, fragen Sie sich vielleicht, wie solche Urteile zustande kommen können. Deshalb will ich kurz versuchen zu erklären, wie es eigentlich zu einer Urteilsfindung kommt. Dabei gehe ich nur auf die Grundlagen der Urteilsfindung ein und werde keinerlei Wertung vornehmen. Es ist allerdings für Sie wichtig zu erfahren, welche grundsätzlichen Argumente den Ausschlag für ein höheres und welche für ein milderes Strafmaß geben können und wie diese Argumente den Spielraum des Richters beeinflussen. Dieses Wissen ist hilfreich, will man die Diskussion über Recht oder Unrecht in deutschen Strafurteilen führen.

Am Anfang steht die Beweisaufnahme

Auf welchen Grundlagen fällt ein Gericht sein Urteil, welche Argumente sind es, die ausschlaggebend sind?

Zunächst verschafft sich das Gericht in der Beweisaufnahme einen Überblick über das Tatgeschehen. Dazu lädt es Zeugen und Sachverständige, es sieht sich Fotos, Filmmaterial und Beweismittel wie Tatwaffen, Urkunden und Ähnliches an. Ist dies alles geschehen, schließt das Gericht die Beweisaufnahme. Es glaubt in diesem Moment, alles für die Entscheidungsfindung Notwendige zu wissen.

Nachdem dann der Staatsanwalt, der Verteidiger und gegebenenfalls der Nebenklägervertreter ihre Plädoyers gehalten und den ihrer Meinung nach richtigen Strafrahmen beantragt haben, berät sich das Gericht über das Urteil.

Diese Beratung ist geheim. Es ist ein ungeschriebenes Gesetz, dass weder Verteidiger noch Staatsanwalt je nach dem Ablauf oder den einzelnen Meinungen, die in einer solchen Beratung gefallen und diskutiert wurden, fragen. Diese Geheimhaltung ist allen Verfahrensbeteiligten heilig, zumindest ist mir nichts anderes bekannt.

Strafrahmen und Strafrahmenverschiebung

Im Rahmen der Beratung wirft das Gericht, das heißt die jeweiligen Richter, einen Blick in den Strafrahmen, den das Gesetz für die abzuurteilende Tat vorsieht und in dem Mindest- und Höchststrafen für bestimmte Tatbestände aufgeführt sind. Darauf komme ich auch in einem späteren Kapitel noch einmal mit einer Tabelle (siehe Seite 127) zurück.

Innerhalb des Spielraums, den dieser Strafrahmen gibt, hat sich das Gericht mit der Frage zu beschäftigen, ob nicht eventuell ein minderschwerer Fall vorliegt, und sich daher der Strafrahmen verschiebt. Wie so eine Strafrahmenverschiebung in Zahlen aussieht, das zeige ich in Kapitel 11 mithilfe einer Tabelle.

Nehmen wir hier aber einfach einmal das Beispiel einer Vergewaltigung. Bei einer Vergewaltigung liegt der Strafrahmen zwischen zwei und 15 Jahren. Innerhalb dieses Strafrahmens darf die Höchststrafe nur bei schwerster Schuld des Täters verhängt werden, die Mindeststrafe darf nur verhängt werden, wenn die Schuld an der unteren Grenze normal vorkommender Fälle liegt. Das heißt aber nicht, dass das Urteil genau zwischen der Höchst- und der Mindeststrafe liegt, wenn die Schuld des Täters weder besonders schwer noch besonders leicht ist.

Umstände für und gegen den Täter

Das Gericht hat sich mit jedem Argument auseinanderzusetzen, das zu einem – dem einzelnen Täter gerecht – werdenden Urteil führen kann. Es muss also alle Umstände berücksichtigen, die für oder gegen einen Täter sprechen. Im Folgenden habe ich einmal die wichtigsten davon zusammengestellt und ein wenig erläutert.

Vorstrafen und persönliche Umstände

Hierbei geht es um eventuelle Vorstrafen oder offene Bewährung für den Täter, aber auch um die Beweggründe, die ihn zu der Tat gebracht haben.

Der nächste Punkt, der für ein Urteil entscheidend sein kann und der natürlich auch bei der Frage der Resozialisierung eine Rolle spielt, ist das Vorleben des Täters und seine persönlichen und wirtschaftlichen Verhältnisse.

Tatziel

Ebenso geht es darum, was der Täter mit dieser Straftat eigentlich erreichen wollte. War sein Ziel zum Beispiel Rache, weil er betrogen wurde, oder war es reine Geldgier, aufgrund derer er die Drogen verkauft hat? Oder war es blanke Aggression und Hass, aufgrund derer er seinem Gegenüber mit der Faust ins Gesicht geschlagen hat?

Gesinnung, Ausführung und Maß an Pflichtverletzung

Dabei ist für das Gericht natürlich auch wichtig, welche Gesinnung aus solch einer Tat spricht.

Hat der Täter beispielsweise abschätzende und abwertende Bemerkungen über das Opfer gemacht? War er frauenfeindlich? War er ausländerfeindlich? Hat er durch seine Tat zum Ausdruck gebracht, dass er das Eigentum eines anderen völlig missachtet?

In den Urteilsgründen wird zudem die Art der Ausführung einer Straftat, die verschuldeten Auswirkungen oder auch das Maß an Pflichtverletzung, beispielsweise bei Beamten oder Personen des öffentlichen Dienstes, berücksichtigt.

Verhalten des Täters nach der Tat

Aber auch das Nachtatverhalten des Täters spielt eine Rolle. Wie hat er sich nach der Tat dem Opfer gegenüber benommen? Hat er versucht, den Schaden wiedergutzumachen? Wie ist sein besonderes Bemühen um das Opfer einzuschätzen? Hat er sich entschuldigt oder hat er versucht, mit dem Opfer sogar wieder Frieden zu schließen?

Gesinnung des Täters

Zudem sollte die Gesinnung des Täters mitberücksichtigt werden, das heißt, welche Haltung durch seine Tat zum Vorschein kommt und wie stark und maßgeblich sein Wille, die Unrechtstat tatsächlich zu begehen, war.
All dies sind Gründe, die das Gericht bei der Urteilsfindung berücksichtigen muss. Hat es dann sämtliche Umstände erörtert, muss es sich entscheiden, welche Strafe nun der individuellen Schuld des Täters gerecht wird.

Der Strafrahmen als Maßstab

Um zunächst ein Gefühl dafür zu bekommen, wie ein Strafmaß gefunden werden kann, stellt man sich vielleicht am besten den Beurteilungsspielraum, den das Gericht hat, wie einen Rechenschieber vor. Wenn das Maß der Freiheitsstrafe für eine Tat zwischen zwei und 15 Jahren liegt und wir es mit einer Tat zu tun haben, die sich in ihrer äußeren Gestaltung eher im Mittelmaß ansiedeln lässt, dann sollte das Gericht eigentlich auch im mittleren Rahmen, das heißt also bei sieben bis acht Jahren, beginnen, sein Urteil zu finden. Berücksichtigt es dann die für den Angeklagten sprechenden Gründe, sollte es im Strafrahmen nach unten gehen. Sprechen nun mehr Gründe gegen den Täter, sollte der Finger auf dem Rechenschieber wieder nach oben gehen.

Sind aber mehr Gründe vorhanden, die für den Täter sprechen, dann sollte das Urteil unter sieben Jahren liegen. Das klingt eigentlich sehr praktikabel. Geht man nun aber zur Praxis über und betrachtet all die möglichen Gründe, die für oder gegen einen Täter sprechen können, merkt man, wie weich diese Faktoren sind, die am Ende einige Jahre Freiheitsentzug ausmachen können.

Die Art und Weise der Tat und das Maß der Schuld

Nach dem Strafrahmen betrachtet der Richter die Art und Weise der Tat und beurteilt deren Unrecht. Da gibt es sicherlich Taten, die wir uns in ihrer Schwere vorstellen können, aber auch Straftaten, die ein schlimmeres Ausmaß gefunden haben oder aber gar von einer Brutalität geprägt sind, die über unsere Vorstellungskraft hinausgehen. Und gerade hier spielen vor allem auch die Folgen für das Opfer eine Rolle, wie ich sie bereits in den im vorausgegangenen Kapitel erläutert habe.

Neben der Art und Weise der Tat muss das Gericht aber auch entscheiden, wie hoch das Maß der Schuld des Täters bei der Begehung der Tat ist. An diesem Punkt wird unter anderem die besondere Situation des Täters beleuchtet. Wie war beispielsweise seine ganz persönliche Verfassung zum Zeitpunkt der Tatbegehung, wie war es um seine Psyche bestellt, war er alkoholisiert, hatte er Drogen genommen?

Strafempfindlichkeit des Täters

Außerdem müssen sich Richter bei der Urteilsfindung auch mit der Frage beschäftigen, wie strafempfindlich der Täter ist. Denn nicht jeden Täter trifft die Strafe gleich. Für den einen ist eine sechsmonatige Freiheitsstrafe wesentlich einschneidender als für einen anderen Täter eine zweijährige Freiheitsstrafe. An diesem Punkt können zum Beispiel die Herkunft oder das Alter eines Täters eine Rolle spielen, wie ich auch in Kapitel 15 „Haftempfindlichkeit – Überempfindlichkeit?“ noch an verschiedenen Fallbeispielen zeigen werde.

Strafwirkung und Strafmaß

Das Gericht muss sich dann mit der Frage auseinandersetzen, welche Strafe notwendig ist, um dem Täter das Unrecht seiner Tat vor Augen führen zu können und die ihn dazu bringt, in Zukunft von solchen Straftaten abzulassen. Auch das ist sicherlich von Täter zu Täter unterschiedlich.

Verfahrensdauer

Aber auch die Verfahrensdauer ist ein Argument bei der Strafzumessung. Denn die Rechtsprechung geht davon aus, dass eine lange Verfahrensdauer auch eine Belastung für den Täter ist. Er muss ja auf sein Urteil warten und schaut in dieser Zeit in eine ungewisse Zukunft. Vielleicht folgt man hier auch einer Erkenntnis aus der Kindererziehung: Haben wir nicht gelernt, dass die erst spät erfolgte Bestrafung eines Kindes von diesem nicht mehr verstanden wird?

Das Gericht hat sich also in der Regel durch das Aktenstudium, aber vor allem durch die eigene Vernehmung des Täters und der Zeugen ein Bild des Tatgeschehens, der Folgen der Tat und von der Persönlichkeit des Täters zu machen. Diese zahlreichen Feststellungen muss es dann in die Urteilsfindung mit einfließen lassen.

Mit diesen Maßgaben sind eigentlich alle Voraussetzungen für ausgewogene Urteile gegeben. Dennoch stellen wir immer wieder fest, dass Urteile diesen Ansprüchen nicht gerecht werden. Warum ist das so? Bestehen Fehlerquellen oder gar Lücken in diesem System? Bevor wir uns damit weiter beschäftigen, aber erst einmal etwas mehr über die aktuelle Situation der in Deutschland auftretenden Straftaten.

KAPITEL 9

DEUTSCHES RECHT – NICHT ÜBERALL GLEICH

ENTWICKLUNG STRAFTATEN IN DEUTSCHLAND

Da wir in diesem Buch über Ungerechtigkeit im deutschen Strafrechtssystem sprechen, müssen wir uns natürlich auch die Frage stellen: Haben wir es wirklich mit so vielen Straftaten in Deutschland zu tun? Im Jahre 2018 wurde in der Presse veröffentlicht, die Straftaten in Deutschland seien 2017 um 9,6 Prozent im Vergleich zum Vorjahr zurückgegangen. Ich will Sie an dieser Stelle nicht mit einzelnen Zahlen oder ellenlangen Statistiken langweilen, aber ich möchte diese Pauschalaussage doch etwas näher unter die Lupe nehmen.

Vor allem denke ich, dass es auch ungemein wichtig ist, nicht immer nur die Entwicklung der Zahlen eines Jahres im Vergleich zum Vorjahr, sondern stattdessen einen etwas längeren Zeitraum zu betrachten.

Dies tut die polizeiliche Kriminalstatistik des Bundeskriminalamtes (PKS). Sie vergleicht die Zahlen für 2017 sehr detailliert im Vergleich aller Jahre seit 2003. Die PKS enthält die der Polizei bekannt gewordenen rechtswidrigen Straftaten einschließlich der mit Strafe bedrohten Versuche, die Anzahl der ermittelten Tatverdächtigen und eine Reihe weiterer Angaben zu Fällen, Opfern oder Tatverdächtigen.

Auch wenn die Gesamtstatistik der Straftaten hier tatsächlich leicht zurückgehen mag, trifft dies nicht auf alle Bereiche zu.

Anstieg bei Körperverletzung, Drogen- und Computerdelikten

Ist die Zahl der Körperverletzungen im Vergleich von 2016 zu 2017 in der Tat leicht gesunken, so ist sie im Vergleich zum Jahr 2003 allerdings eindeutig gestiegen. Gestiegen sind übrigens auch Drogendelikte und (natürlich) Computerdelikte. Ich maße mir sicherlich zu diesen Zahlen keine Deutung an, habe aber auch aus meiner Praxis das Gefühl, dass es bei Auseinandersetzungen insgesamt eine höhere Qualität der Gewalt gibt.

Straftaten gegen die sexuelle Selbstbestimmung

Seit 2013 ist auch hier ein leichter Rückgang zu verzeichnen. Allerdings stieg die Zahl der erfassten Fälle von 2016 auf 2017 doch erheblich an, von 7.919 im Jahr 2016 auf 11.282 Vorfällen im Jahr 2017. Bei „Sexueller Übergriff, sexuelle Nötigung und Vergewaltigung mit Todesfolge" wurden 2017 elf Fälle, 2016 kein Fall registriert. Bei „Mord im Zusammenhang mit Sexualdelikten" (inklusive der Verdeckungsmorde) waren es einschließlich der Versuche 2017 acht, 2016 neun Fälle.
Allerdings ist bei der Gesamtzahl der Sexualstraftaten die Änderung des Paragrafe 177 sicherlich nicht unbeachtlich. Auch wenn diese Gesetzesänderung keinen Einfluss auf den Anstieg der Delikte mit Todesfolge hat.

Die oben genannte Gesetzesänderung ist den meisten durch das Zitat „nein heißt nein" bekannt. Im Grunde genommen lässt sich festhalten, dass die Änderung dazu geführt hat, dass durch diesen Paragrafen sexuelle Gewalt leichter geahndet werden kann. Es macht sich nicht nur derjenige strafbar, der Sex mit Gewalt oder Gewaltandrohung erzwingt, sondern auch derjenige, der sich über den „erkennbaren Willen" des Opfers hinwegsetzt. Dem Täter drohen dann bis zu fünf Jahre Freiheitsstrafe. Dazu kommt der Straftatbestand sexueller Angriffe aus einer Gruppe heraus. In diesem Fall sollen alle Teilnehmer der Gruppe belangt werden können. Und schließlich hat die Änderung auch Auswirkungen auf Bestimmungen im Aufenthaltsgesetz. Eine Verurteilung zu einer Freiheits- oder Jugendstrafe kann somit schneller zu einer Ausweisung führen.

Mehr Ansatzmöglichkeiten, mehr Sensibilisierung

Aus kriminalpolizeilicher Sicht ist zu hören, dass durch die Reform Ansatzpunkte für ein Einschreiten der Polizei geschaffen wurden, wo zuvor keine waren. Liegen also die so stark angestiegenen Zahlen daran, dass die Ermittlungsbehörden zuvor keinen eindeutigen Ansatz für eine Straftat hatten? Oder waren es die Opfer, also die Frauen, die zuvor von einer Anzeige von vornherein absahen, da sie Angst davor hatten, ihrer Aussage würde ohnehin kein Glauben geschenkt.?

Durch die „Me too"-Debatte ist deutlich geworden, dass wir in unserer Gesellschaft eine wachsende Sensibilisierung für dieses Thema erleben. Es mag sein, dass die Gesetzesreform zusammen mit dieser gestiegenen Sensibilisierung Vorfälle offenbart hat, die uns bislang nicht bekannt waren. Unbestritten dürfte es aber sein, dass beides einen Missstand aufzeigt.

Betrachtet man in Statistiken aus den Jahren 2015 und 2016, also vor der Gesetzesreform von 2016, die erfassten Fälle von Vergewaltigung und sexueller Nötigung, lässt sich ein rund 15-prozentiger Anstieg verzeichnen. Und 2014 besagte eine Studie der EU-Grundrechte-Agentur, dass jede dritte Frau in der EU seit ihrer Jugend schon körperliche oder sexuelle Gewalt erlebt habe.

Es macht also durchaus Sinn, darüber nachzudenken, inwieweit die Justiz hier zu einer Eindämmung der Zahlen beitragen kann.

Deutlicher Rückgang bei Diebstahlsdelikten durch professionelle Polizeiarbeit

Bei den Diebstahldelikten, ob nun ohne oder mit erschwerenden Umständen, hat es tatsächlich einen deutlichen Rückgang der Straftaten gegeben, der sicherlich auf eine professionalisierte Polizeiarbeit zurückzuführen ist. Hier hat sich vor allem die internationale Zusammenarbeit zwischen den Strafverfolgungsbehörden bewährt. Allerdings muss man natürlich zugeben, dass es sich bei diesen Straftaten großenteils um organisierte Kriminalität und Bandenkriminalität handelt. Und da hat eine grenzübergreifende Polizeiarbeit sicherlich effektivere Auswirkungen.

Anders ist dies natürlich bei Straftaten gegen die sexuelle Selbstbestimmung. Da sind Einzeltäter oder Gruppen unterwegs, die diese Straftaten meist nicht lange geplant, also bei sich bietenden Gelegenheiten begehen. Dies macht es für die Strafverfolgungsbehörden schwieriger, präventiv dagegen vorzugehen.

Und desto wichtiger erscheint es, dass deutliche Signale aus der Justiz kommen, wie wir in Zukunft mit derlei Straftaten umgehen.

Transparente und konsequente Urteile sind das Mittel, das die Justiz zur Hand hat. Es scheint allerdings nicht von einem liberalen Geist, wenn man konsequentere Strafen fordert. Die meisten von uns sind geprägt von einem verzeihenden und von Erkenntnis basierendem Erziehungsgedanken. Wir glauben oder hoffen zumindest darauf, dass ein Täter, dem man noch mal eine Chance gegeben hat, sich dies eine Lehre sein lässt und in Zukunft straffrei lebt. Bei vielen der Urteile, die ich auch in diesem Buch beschreibe, scheint genau diese Einstellung ein die Urteile bestimmender Faktor zu sein.

Verzeihung und Erziehung gelten kaum im Steuerrecht

Das ist aber nicht in allen Strafrechtsbereichen so. In Steuerstrafsachen schreibt uns der Bundesgerichtshof vor, dass es ab einer Million hinterzogener Steuern keine Bewährung mehr gibt. Das bedeutet also, dass einem solchen Täter nicht noch einmal eine Chance gegeben werden darf. So etwas gibt es bei Straftaten gegen die sexuelle Selbstbestimmung nicht. Wieso schrecken wir davor zurück? Ist der finanzielle Schaden für die Gemeinschaft ein schützenswerteres Gut als die sexuelle Selbstbestimmung oder die körperliche Unversehrtheit?

Ich habe schon mehrmals betont, dass ich nicht daran glaube, dass härtere Strafen zu mehr Gerechtigkeit führen. Nichtsdestotrotz müssen wir darüber nachdenken, inwieweit gerade bei Sexualstraftaten und Gewalttaten ein konsequenteres Handeln der

Justiz angebracht wäre. Dabei geht es mir nicht nur um den generalpräventiven Gedanken, sondern auch um die Anerkennung der Folgen einer Straftat für die betroffenen Opfer.

Deutsches Recht ist ortsabhängig

Wie ja auch viele Fälle, die ich hier im Buch bespreche, zeigen, ist es vielleicht der größte Missstand unseres Rechtssystems, dass es bei gleichen Deliktsarten sehr oft Urteile gibt, deren Strafmaß weit auseinanderliegen.

Dr. Volker Grundies, wissenschaftlicher Referent am Max-Planck-Institut für ausländisches und internationales Strafrecht, hat die deutschen Landgerichte nach der durchschnittlichen Härte ihrer Urteile untersucht und auf einer Landkarte entsprechend farblich gekennzeichnet. So entstand ein „Strafenteppich", der eine deutliche Sprache spricht.

Durch unterschiedliche Farbgebung kann man erkennen, ob ein Landgericht über dem Mittelwert der Strafen, die für bestimmte Taten in Deutschland verhängt worden sind, urteilt. Je dunkler die Färbung, desto härter wird dort im Durchschnitt geurteilt.

Dieser Strafenteppich zeigt übrigens auch recht deutlich, dass es zwar das oft zitierte Nord-Süd-Gefälle so nicht gibt, die Härte von Strafen aber offensichtlich sehr wohl abhängig von Bundesländern ist.

Die Strafenteppiche für die einzelnen Deliktsarten habe ich mit der Genehmigung von Dr. Grundies auf den folgenden Seiten abgebildet und werde auch noch etwas näher auf die Abbildungen und die größten Missstände eingehen.

Zunächst aber zwei Fälle, die dieses Thema sehr genau widerspiegeln und auch schon zu heftigen Diskussionen innerhalb der Justiz geführt haben.

FALL 23

Dieser Fall wurde vor dem Berliner Amtsgericht verhandelt. Zwei Männer hatten gegen 23 Uhr in einem Bus Fahrgäste angepöbelt. Daraufhin hielt der Fahrer den Bus an und wollte die beiden Randalierer hinauswerfen. Es ergab sich eine Rangelei, in deren Verlauf dem Busfahrer ein Messer in den Rücken gestochen wurde. Eine engagierte Frau versuchte schlichtend einzugreifen, wurde von einem der Männer verletzt und aus dem Bus gezerrt. Die beiden Täter flohen, während der Busfahrer ins Krankenhaus eingeliefert werden musste. Die Verletzungen der Frau konnten ambulant behandelt werden.

Nach längeren Fahndungsmaßnahmen stellten sich die Täter, die zwischenzeitlich in die Türkei geflüchtet waren. Einer der Täter war bereits mehrfach polizeilich aufgefallen. Dies allerdings nicht nur, weil man ihn mehrerer Straftaten verdächtigte, sondern auch, weil er die Polizei bezichtigt hatte, gewaltsame Übergriffe auf ihn vollzogen zu haben.

Das Opfer, der 34-jährige Berliner Busfahrer, war bis zum Zeitpunkt der mündlichen Verhandlung aufgrund seiner psychischen Situation nicht mehr in der Lage, seinen Beruf auszuüben. Zwischen Tat und Urteilsverkündung lagen fünf Monate.

URTEIL:
Vom Berliner Landgericht wurde die beiden Männer zu Haftstrafen von dreieinhalb beziehungsweise drei Jahren wegen gefährlicher Körperverletzung verurteilt. Die Verurteilung erfolgte nicht wegen versuchten Totschlages. Zwar erkannte bereits die Staatsanwaltschaft, dass eine Verurteilung wegen eines versuchten Totschlages durchaus in Betracht hätte kommen können. Allerdings seien die Täter von diesem Vorhaben zurückgetreten. Ihnen sei es durchaus möglich gewesen, die Tat noch zu vollenden (durch einen weiteren Stich!). Dieser freiwillige Rück-

tritt vom Versuch führte nun dazu, dass die Täter nur wegen gefährlicher Körperverletzung verurteilt wurden. (Zu diesem Thema siehe auch Kapitel 13 „Noch mal anders überlegt – der Rücktritt vom Versuch“).

Die Höchststrafe, die die Berliner Täter im Falle einer Verurteilung wegen Totschlages erwartet hätten, wären übrigens 15 Jahre gewesen. Aber auch die Höchststrafe wegen gefährlicher Körperverletzung liegt bei zehn Jahren.

Die Staatsanwaltschaft hatte in dem Verfahren wegen des Angriffes auf den Busfahrer gegen den Haupttäter sechs Jahre Freiheitsstrafe gefordert.

Offensichtlich ist ein solcher Messerstich in den Rücken des Busfahrers nach der Auffassung der Berliner Richter nicht so strafwürdig, dass ihnen eine Strafe auch nur annähernd im Mittel des Strafrahmens angemessen erschien.

Dieses Urteil stieß auf erhebliche Kritik, nicht nur in der Bevölkerung. So äußerte sich auch der Sprecher der deutschen Polizeigewerkschaft und wünschte sich „Münchner Verhältnisse“.

Was sind aber „Münchner Verhältnisse“? Die Anmerkung des Sprechers der Polizeigewerkschaft bezog sich auf ein hartes Urteil gegen zwei Täter wegen eines Angriffs auf einen Rentner in einer Münchner U-Bahn. Der Fall:

FALL 24

Vor dem Landgericht München standen ein 20-Jähriger und ein 17-Jähriger wegen eines Angriffs auf einen 76-jährigen Rentner. Der Rentner hatte abends in einer U-Bahn gesessen, während sich die beiden Täter ihm gegenübersetzten. Die beiden rauchten provokativ. Der Rentner hatte sich erlaubt, die beiden auf das Rauchverbot in der U-Bahn hinzuweisen, woraufhin die Täter auf ihn losgingen, ihn verprügelten und schlussendlich mit voller Wucht gegen seinen Kopf traten, als er schon wehrlos am Boden lag. Der Rentner erlitt heftigste Verletzungen, darunter einen dreifachen Schädelbruch und eine Gehirnblutung.

URTEIL:
Der 20-jährige Täter kam nicht mehr in den Genuss des Jugendstrafrechtes und wurde zu einer Haftstrafe von zwölf Jahren verurteilt, der 17-jährige Täter achteinhalb Jahre Jugendstrafe.

Sieht man sich die Strafen in diesem zweiten Fall an, so kann man feststellen, dass sie sicherlich im oberen Bereich des Strafrahmens liegen. Das Gericht hielt die zwölfjährige Haftstrafe für den 20-jährigen Mann als der Tat und Schuld angemessen, obwohl sich dieser zwei Wochen nach der Tat schriftlich beim Opfer entschuldigt hat. In dem Brief erklärte er, dass ihm die Tat schrecklich leidtue und er selbst erschrocken gewesen sei über die Verletzungen, die der Mann erlitten habe.

Die Diskussion in Juristenkreisen

Wie schon angedeutet und wie auch die Aussage des Gewerkschaftssprechers der Polizei zeigt: Diese beiden Fälle und ihre unterschiedlichen Urteile sorgten für hitzige Diskussionen auch in den Kreisen der Strafverfolgung und der Justiz.

Ein Sprecher der CDU-Fraktion erklärte damals, ihm sei das Strafmaß des Berliner Urteils vor allem im Vergleich zum Münchner Urteil viel zu milde. Der Sprecher des Bundes Deutscher Kriminalbeamten wurde in mehreren Medien mit der Aussage zitiert, er habe kein Verständnis dafür, dass die Tat nicht als versuchter Totschlag vom Gericht gewertet wurde, sondern nur als gefährliche Körperverletzung. Er vertrat die Meinung, dass jemand, der von hinten in den Oberkörper eines Menschen einsticht, dessen Tod billigend in Kauf nimmt. Der vom Berliner Gericht angenommene Rücktritt vom Versuch stieß auf Unverständnis, da ein solcher Rücktritt vom Versuch nur möglich sei, wenn die Tat noch nicht vollendet sei. Hier sei der Stich in den Rücken allerdings ausgeführt gewesen.

Die beiden Fälle im Vergleich

Auf den ersten Blick scheinen die Taten vielleicht nicht unbedingt vergleichbar zu sein. Im ersten Fall wurde das Opfer von hinten mit einem Messer niedergestochen, im zweiten Fall wurde unter anderem auf den Kopf des wehrlosen Opfers mit voller Wucht eingetreten. Die Verletzungsfolgen beim Münchner Opfer sind sicherlich körperlich wesentlich stärker als die beim Berliner Busfahrer. Wie weit und langfristig dessen psychische Leiden allerdings sein Leben beeinträchtigt haben, ist mir nicht bekannt. Nichtsdestotrotz lässt sich bei beiden Tathergängen erkennen, dass es den Tätern offensichtlich gleichgültig war, dass sie durch ihre Taten das Opfer tatsächlich ums Leben hätten bringen können.

Heftige interne Diskussion in der Öffentlichkeit ausgetragen

Das Berliner Verfahren zeigt auch, dass Staatsanwaltschaft und Gericht nicht immer einer Meinung sind, ja Straftaten sogar gänzlich anders einordnen. Was aber außergewöhnlich ist, ist dass daraufhin heftigste Reaktionen aus dem Kreis der Polizeigewerkschaft und dem Bund Deutscher Kriminalbeamter erfolgten, die sich im Wesentlichen auch mit dem unterschiedlichen Strafmaß beider Urteile beschäftigten.

Und noch erstaunlicher ist, mit welcher Vehemenz sich die Berliner Justiz, zunächst allen voran die Berliner Staatsanwaltschaft, zu diesem Verfahren in der Presse geäußert hatte. Die Vorsitzende der Vereinigung Berliner Staatsanwälte, die Oberstaatsanwältin Vera Junker, erklärte gegenüber dem *Tagesspiegel*, dass eine solche Tat, die äußerst brutal durchgeführt worden sei, auch die Höchststrafe verdiene. Eine deutliche Urteilsschelte.

Dabei hatte die Staatsanwaltschaft selbst noch nicht einmal die Höchststrafe beantragt und war mit einem Strafantrag von sechs Jahren eher im mittleren Bereich der möglichen Strafzumessung geblieben. Die Staatsanwaltschaft untermauerte ihre Forderung, dass ein Urteilsspruch Rechtsfrieden schaffen müsse, sehr deutlich. Sie warf den Richtern vor, dass sie sich allzu sehr von der Meinung des Volkes entfernt hätten.

Die Vereinigung Berliner Strafverteidiger sah das natürlich anders. Sie ließ erklären, es gebe aus gutem Grunde unabhängige Richter, die sich in einem demokratischen Rechtsstaat nicht am gesunden Volksempfinden, sondern an der Gesetzeslage orientierten. Sie erklärten, es sei beschämend, wenn in einem Umfeld, in dem Richter öffentlich diffamiert werden, die Staatsanwaltschaft mindestens fahrlässig Öl ins Feuer gieße, um ihr populistisches Süppchen zu kochen. Damit nahmen sie deutlich die Richter in Schutz, die das für sie erfreuliche Urteil verkündet hatten.

Justitia scheut die Öffentlichkeit

Aber auch der Vorsitzende des Berliner Richterbundes meldete sich zu Wort. Er verteidigte das Urteil seiner Kollegen vor Gericht damit, dass die Strafmaße bei Delikten gegen die körperliche Integrität in den letzten Jahren gewaltig gestiegen seien. Zudem brachte er seinen Unmut darüber zum Ausdruck, dass juristische Streitigkeiten mittlerweile auf Stammtischniveau ausgetragen werden würden.

An der Tatsache, dass sich sowohl Vertreter der Staatsanwaltschaft, der Richterschaft und der Verteidigervereinigung zu einem Urteil in der Presse äußern, kann man erkennen, mit welcher Heftigkeit die Diskussion geführt wird. Zwar mag es sich hier um einen Ausnahmefall handeln. Allerdings kann man an diesem Urteil deutlich erkennen, dass die Vorstellungen darüber, wie unsere Urteile nicht nur in der Öffentlichkeit, sondern auch in der Verbrechensprävention wirken, auch unter den Juristen unterschiedlich verstanden werden. Die Diskussion, ob unsere Urteile zu milde, zu inkonsequent und dadurch in ihrer Wirkung zu wenig effizient sind, hat also auch Einzug bei den Juristen selbst gehalten.

ABWEICHUNG IN DER STRAFHÄRTE BEI ALLEN DELIKTEN

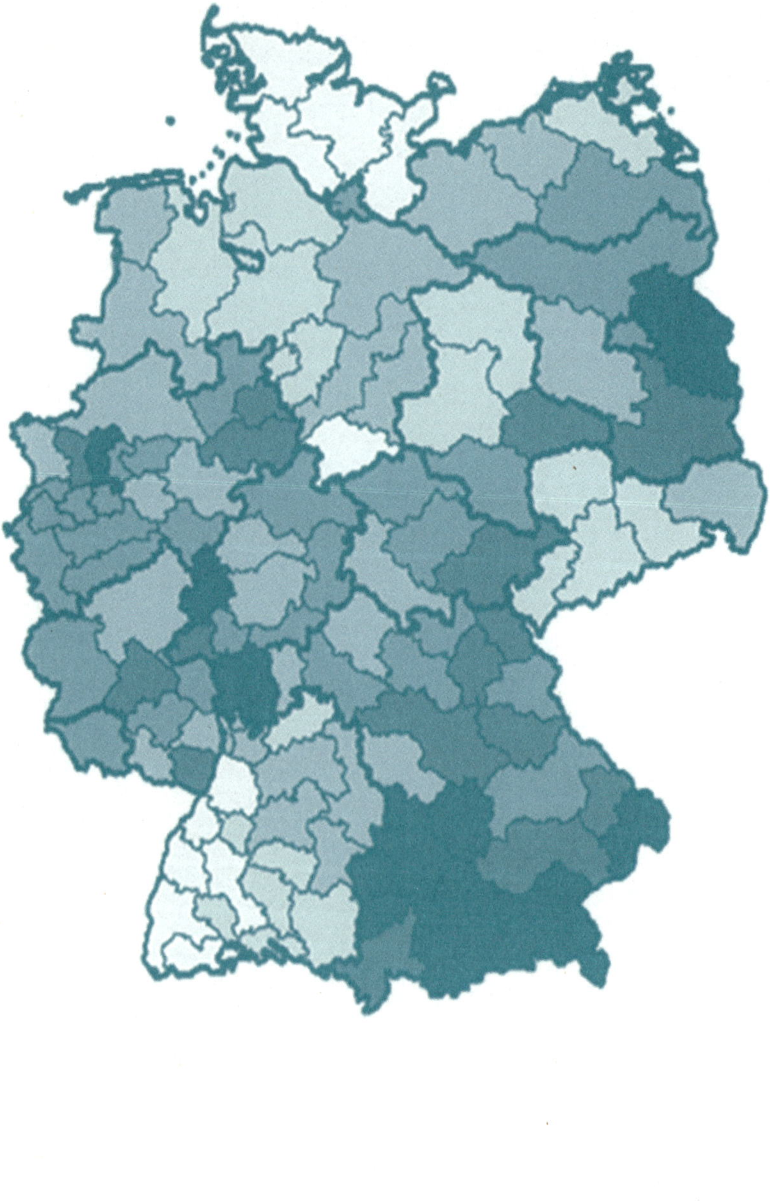

ABWEICHUNG IN DER STRAFHÄRTE BEI RAUB

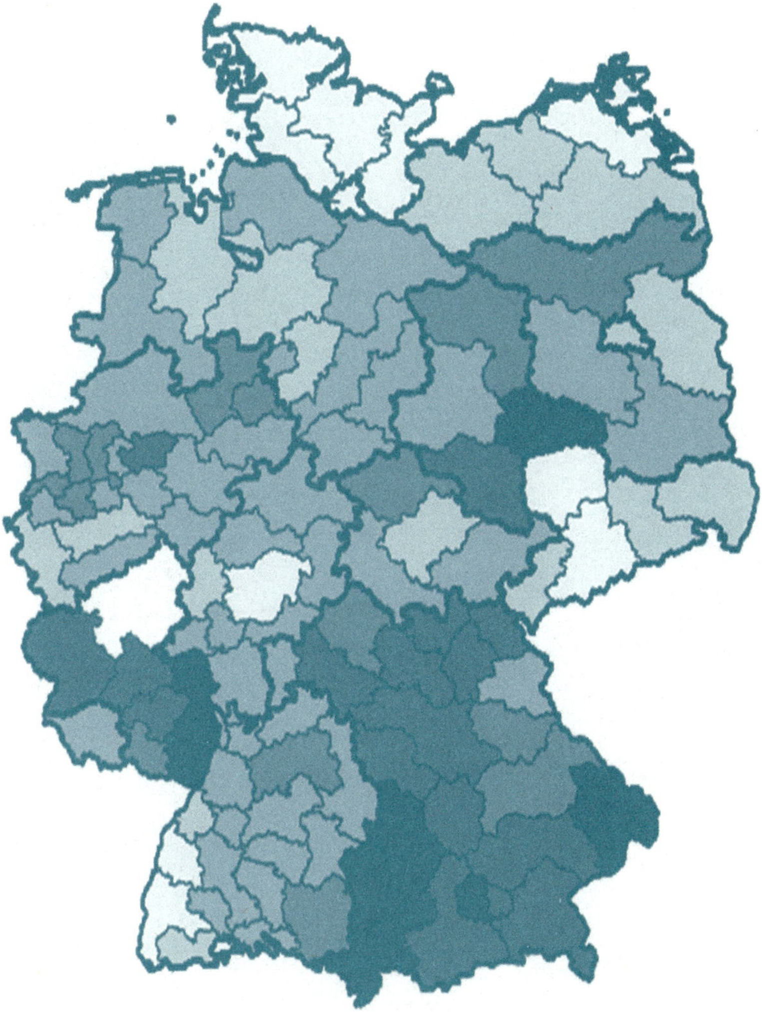

ABWEICHUNG IN DER STRAFHÄRTE
BEI SEXULADELIKTEN

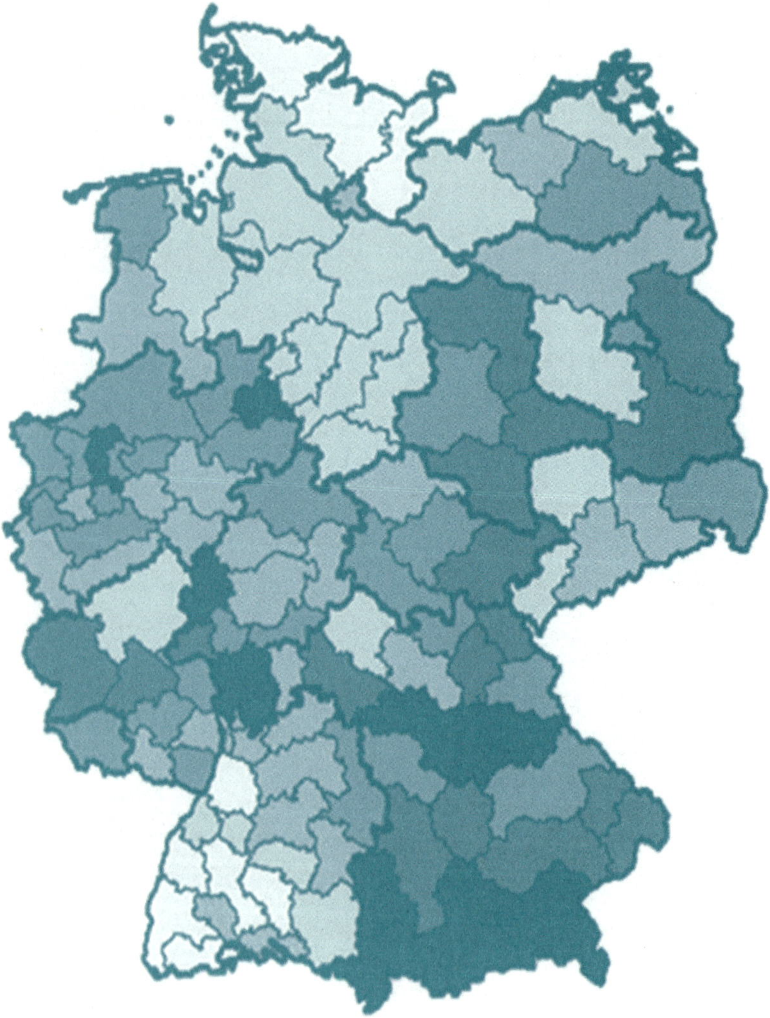

ABWEICHUNG IN DER STRAFHÄRTE
BEI DIEBSTAHL & UNTERSCHLAGUNGEN

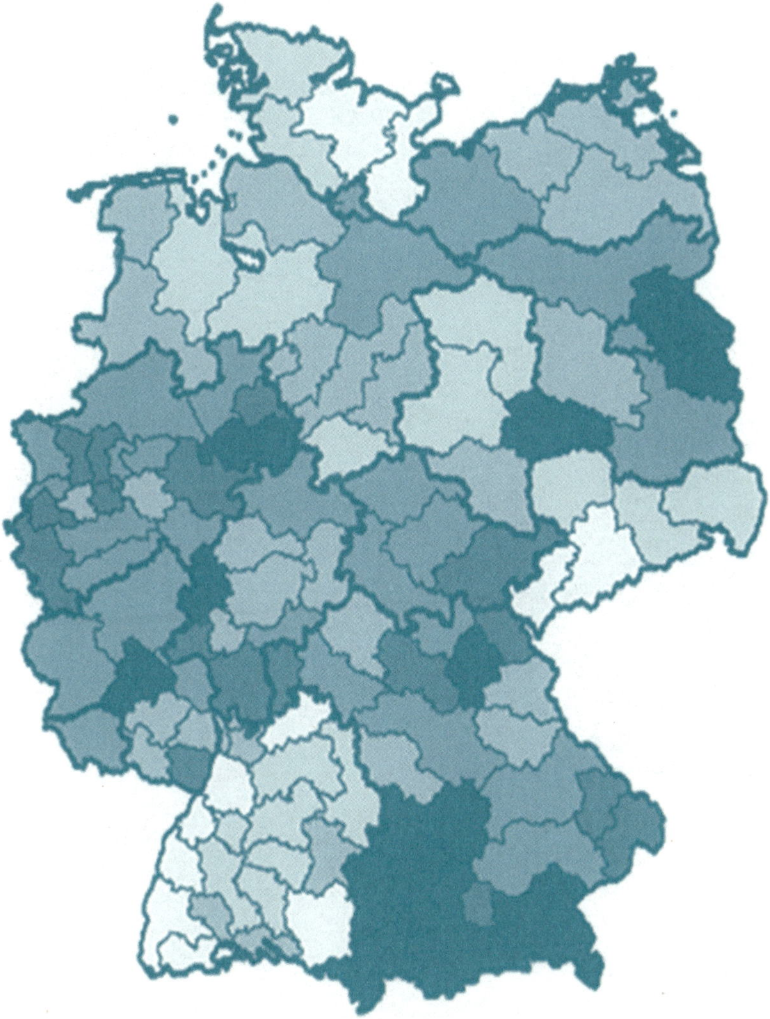

ABWEICHUNG IN DER STARFHÄRTE BEI BETÄUBUNGSMITTEL

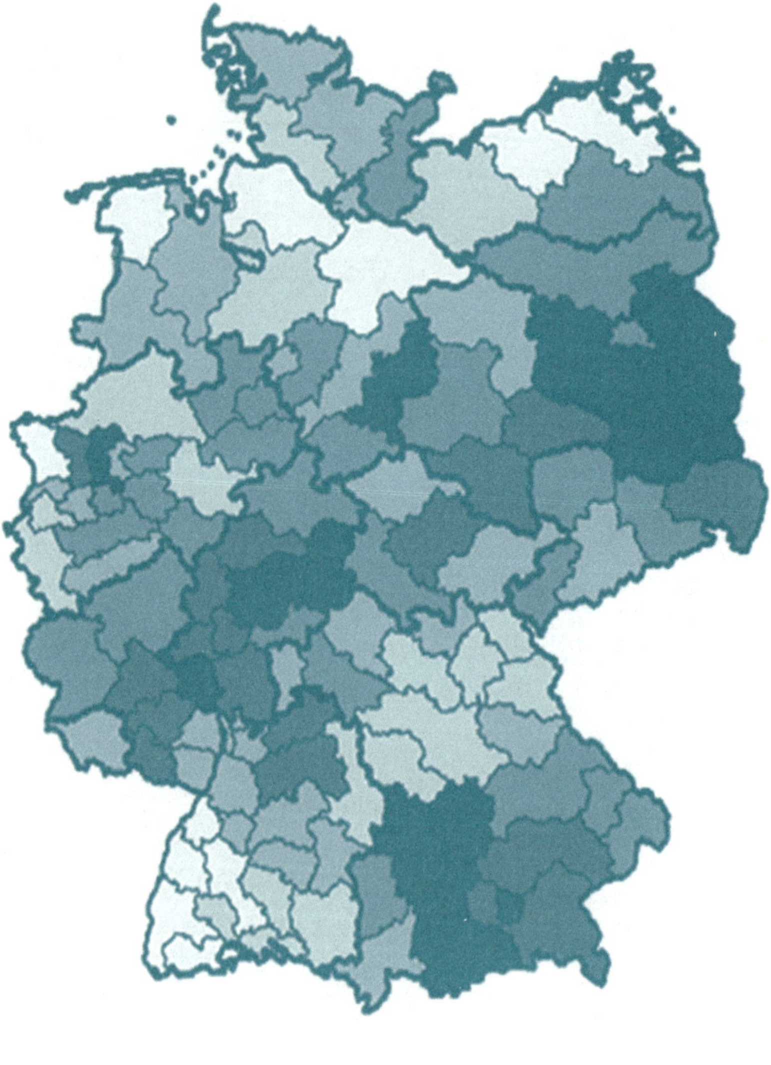

ABWEICHUNG IN DER STARFHÄRTE BEI VERKEHRSDELIKTEN

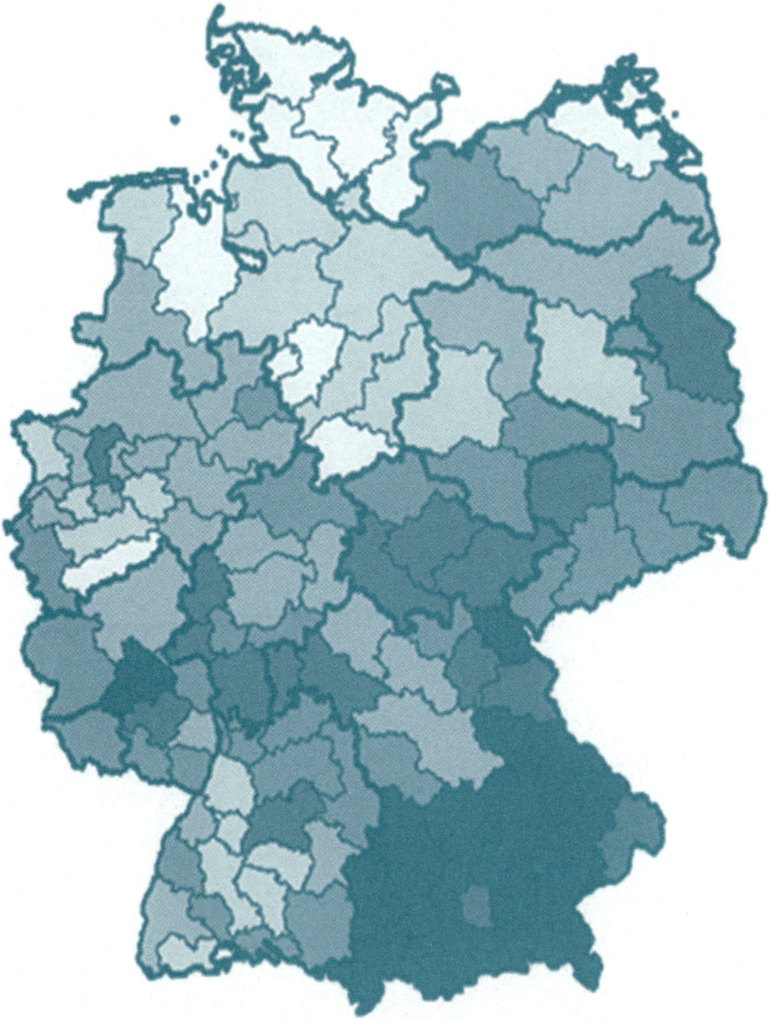

KAPITEL 10

BLICK ÜBER DEUTSCHE GRENZEN

WIE SIEHT ES IM EUROPÄISCHEN AUSLAND AUS?

Es ist nur ein kleiner Blick über den Tellerrand. Denn schließlich geht es in diesem Buch um deutsche Urteile, und für die direkten Vergleiche mit ausländischen Urteilen müsste man sehr umfangreich auf Details eingehen. Nichtsdestotrotz ist es doch einmal interessant – ganz unkommentiert – zu sehen, wie Gerichte in Europa Fälle, die denen ähnlich sind, wie sie in den vorangegangenen Kapiteln geschildert wurden, beurteilen.

FALL 25

Italien

Ein junges Pärchen wurde von einer Gruppe Migranten am Strand angesprochen und gefragt, ob man nicht miteinander etwas trinken und eine Zigarette rauchen wolle. Doch das war nur der Auftakt für einen Überfall. Der junge Mann wurde mit einer Flasche niedergestreckt, die junge Frau dann von den vier Tätern nacheinander vergewaltigt, bis die Männer sie schlussendlich ins Meer warfen. Sie konnte sich später aus dem Wasser retten, ans Ufer schleppen und die Polizei benachrichtigen, die dann auch ihrem Freund zu Hilfe kam.

DAS URTEIL

Die Staatsanwaltschaft hatte 14 Jahre Freiheitsstrafe gefordert. Der Haupttäter wurde vom Gericht zu einer Freiheitsstrafe von 16 Jahren verurteilt. In dieses Urteil floss allerdings noch ein vom Täter früher begangener Raub mit ein.

Allein anhand dieses Urteils erkennen wir, welch hoher Unrechtsgehalt einer solchen Tat in Italien beigemessen wird und mit welchen Strafen der Haupttäter einer Gruppenvergewaltigung zu rechnen hat.

FALL 26

Spanien

Eine junge Frau wird von fünf Männern umzingelt, in einen dunklen Hausflur gedrängt und zum Oral-, Vaginal- und Analverkehr gezwungen. Ihre Schreie und Schmerzen konnten auf den Handys der Täter festgestellt werden, die die fürchterliche Tat auch noch gefilmt hatten. Die geforderten Strafen der Staatsanwaltschaft lagen bei 23 Jahren.

DAS URTEIL

Tatsächlich verurteilte das Gericht die Täter zu jeweils neun Jahren Haft. Dieses für spanische Verhältnisse wohl milde Urteil sorgte nicht nur in der Presse für Empörung, sondern auch für einen Protest auf den Straßen.

Die Richter sahen sich offensichtlich bei der Urteilsfindung vor erheblichen Problemen. In der Interpretation des Gerichts hatte sich die Frau, die auf den Handyaufnahmen tatsächlich passiv war, nicht gewehrt. Dies wurde bei dem Strafmaß berücksichtigt. Ob sie dies allerdings aus Schock oder schlichter Angst nicht getan hatte, blieb unaufgeklärt. Für ein deutsches Gericht wäre ein Urteilsmaß von neun Jahren bei einer Gruppenvergewaltigung oder einem Missbrauch durch eine Gruppe junger Männer allerdings wohl eine erstaunlich hohe Strafe gewesen.

FALL 27

Italien

Der Fall eines bekannten Sportlers. Hier muss festgestellt werden, dass das Urteil durch die langen Berufungszeiten noch nicht rechtskräftig ist und der Sportler im Herbst 2017 erneut seine Beteiligung an der Tat bestritt. Der Sportler war, wie so oft, an einem Abend mit einigen Freunden in eine Mailänder Diskothek gegangen. Seine Frau hatte ihn zunächst begleitet, er schickte sie dann später irgendwann nach Hause. Der Sportler und seine fünf brasilianischen Freunde sollen anschließend eine junge Frau, das spätere Opfer, auf heimtückische Weise zum Trinken verführt haben. Als sie dann zu schwach war, um sich zu wehren, hätten die sechs Männer sie in der Garderobe eingeschlossen und sie einer nach dem anderen vergewaltigt, zuerst der Sportler.

DAS URTEIL (das wie gesagt noch nicht rechtskräftig ist): neun Jahre Freiheitsstrafe und ein Schmerzensgeld für die junge Frau von 60.000 Euro.

FALL 28

Schweiz

Ein Kollege belästigte eine junge Angestellte in der Küche des Hotels, in dem beide arbeiten. Er begrapschte sie und erklärte ihr, dass er mit ihr schlafen wolle. Über eine halbe Stunde lang versuchte er, seine Absicht umzusetzen, während sich die junge Frau wehrte. Zwar kam es nicht zum Geschlechtsverkehr, allerdings zu einer Anklage wegen versuchter Vergewaltigung. Der mutmaßliche Täter hat diese Tat von Anfang an bestritten.

DAS URTEIL

Er wurde in erster Instanz zu 44 Monaten Freiheitsstrafe verurteilt, die zweite Instanz erkannte 34 Monate Freiheitsstrafe als ausreichend. Er musste davon nur ein Jahr.

Setzt man diese Urteile in Relation zu den oben genannten Urteilen aus Deutschland, so ist festzustellen, dass Deutschland mit den Urteilen im Vergleich zu den oben genannten europäischen Staaten gerade bei Sexualdelikten, eher im unteren Rahmen liegt.

KAPITEL 11

BUßGELD-KATALOG FÜR GEWALT-TATEN?

EINE AKTUELLE DISKUSSION

Einige der bisher geschilderten Urteile verdeutlichen doch, wie weich die Strafzumessungsregeln im deutschen Strafrecht sind und wie unterschiedlich die Wertung des Unrechtsgehaltes einer Straftat daher vorgenommen werden kann. Nicht ohne Grund gibt es in der jüngsten Vergangenheit, wie schon in Kapitel 7 angedeutet, so erst kürzlich auf dem Juristentag des Jahres 2018, erhebliche Diskussionen über die Strafzumessungsregelungen in deutschen Strafrechtsurteilen.

Dies wird für den einen oder anderen vielleicht ein sehr theoretisches Kapitel. Es ist aber als Grundlage für das Verständnis deutscher Strafjustiz und der Kritik an ihr sehr wichtig.

Auf diesem Juristentag wurde eine Diskussion angestoßen, die zur Vereinheitlichung von Urteilssprüchen führen sollte. Ein renommierter Rechtswissenschaftler sprach sich beispielsweise dafür aus, sich zumindest im Ansatz an Guidelines, wie man sie in den USA kennt, zu orientieren.

Diese Guidelines sind Tabellen, anhand derer der Richter die Strafhöhe ermittelt. Dabei werden in erster Linie die Tatschwere und die Vorstrafe gewichtet. Das muss man sich ungefähr so vorstellen: Bei einem Diebstahl kann man mithilfe der Tabelle und Fakten wie Höhe der Beute, Anzahl der Vorstrafen oder Mitführen einer Waffe die entsprechende Strafe finden. Das klingt sehr genau, berücksichtigt aber nicht die individuellen Umstände einer Tat.

Ungenaue Grundlagen

Bei uns in Deutschland ist die Frage, welche Strafe ein Täter erhalten soll und welche Strafe für ihn angemessen ist in Paragraf 46 StGB geregelt. Darin steht, dass die Schuld des Täters Grundlage für die Zumessung der Strafe sein soll.

Was das aber genau bedeutet und wie die Schuld zu bemessen ist, dazu gibt es keine Grundlage. Daher kann jeder Richter entscheiden, welches Strafmaß sein Urteil haben soll.

Genauso wenig ist aber der Strafzweck eindeutig geregelt, wie sich auch schon in den vorangegangenen Kapiteln gezeigt hat. In den meisten Fällen wird die Resozialisierung des Täters ins Feld geführt. Der Täter soll durch die Haft in die Gesellschaft zurückgeführt werden. Dies so, dass von ihm in Zukunft ein straffreies Leben erwartet werden kann. Wir haben dieses Thema bereits in den Kapiteln über Generalprävention, Resozialisierung und den Erziehungsgedanken im Jugendrecht behandelt.

Der Vergeltungsgedanke als drittes Argument

Ganz wesentlich ist aber auch der Vergeltungsgedanke. Auch dieser wird immer wieder diskutiert und ins Feld geführt. Dieser Vergeltungsgedanke soll den Unwertgehalt einer Straftat ahnden. Wir finden also dreierlei wesentliche Argumente der Strafzumessung: zum einen den Resozialisierungsgedanken, die Generalprävention und die Vergeltung. Dazu soll die Strafe natürlich auch noch verhältnismäßig sein.

Der Strafrahmen mit weitem Spielraum

Für die jeweilige Straftat wie Diebstahl, Körperverletzung, schwere Körperverletzung, Betrug, Mord, Raub und Drogenhandel gibt es natürlich eine gewisse Grundlage: den Strafrahmen des einzelnen Gesetzes wie beispielsweise eine Freiheitsstrafe von einem Jahr bis zu zehn Jahren. Innerhalb dieses Strafrahmens hat das Gericht die Möglichkeit, ein Urteil je nach Schwere der Tat zu finden. Ein Beispiel dazu habe ich ja schon in Kapitel 8 beschrieben.

Kommen nun besondere Umstände hinzu, die die Schuld des Täters beeinflussen und mildern, wie zum Beispiel Alkoholisierung während der Tat oder eine medikamentöse oder psychische Beeinträchtigung – dann ist dieser vorgegebene Strafrahmen zu reduzieren. Wann und ob eine solche Schuldminderung zu berücksichtigen ist, das haben die Gerichte zu bestimmen.

Die nachfolgenden Tabellen zeigen wie sich solch eine Schuldminderung bei den einzelnen Strafrahmen auswirkt.

STRAFRAHMENVERSCHIEBUNG NACH MILDERUNG GEMÄß PARAGRAF 49 ABSATZ 1 STGB UND NACH ERNEUTER MILDERUNG GEMÄß 49 ABSATZ 1 STGB

Ursprünglicher Strafrahmen	Milderung nach 49 Abs. 1	Erneute Milderung Nach 49 Abs. 1
lebenslang	3 J. bis 15 J.	6 M. bis 11 J. 3 M.
lebenslang oder 10 J. bis 15 J.	3 J. bis 15 J. oder 2 J. bis 11 J. 3 M.	6 M. 11 J. 3 M. oder 6 M. bis 8 J. 5 M.
10 J. bis 15 J.	2 J. bis 11 J. 3 M.	6 M. bis 8 J. 5 M.
5 J. bis 15 J.	2 J. bis 11 J. 3 M.	6 M. bis 8 J. 5 M.
3 J. bis 15 J.	6 M. bis 11 J. 3 M.	1 M. bis 8 J. 5 M.
2 J. bis 15 J.	6 M. bis 11 J. 3 M.	1 M. bis 8 J. 5 M.
1 J. bis 15 J.	3 M. bis 11 J. 3 M.	1 M. bis 8 J. 5 M.
1 J. bis 10 J.	3 M. bis 7 J. 6 M.	1 M. bis 5 J. 7 M.
1 J. bis 5 J.	3 M. bis 3 J. 9 M.	1 M. bis 2 J. 9 M.
6 M. bis 10 J.	1 M. bis 7 J. 6 M.	1 M. bis 5 J. 7 M.
6 M. bis 5 J.	1 M. bis 3 J. 9 M.	1 M. bis 2 J. 9 M.
3 M. bis 10 J.	1 M. bis 7 J. 9 M.	1 M. bis 2 J. 9 M.
3 M. bis 5 J.	1 M. bis 3 J. 9 M.	1 M. bis 2 J. 9 M.
bis 10 J.	bis 7 J. 6 M.	bis 5 J. 7 M.
bis 5 J.	bis 3 J. 9 M.	bis 2 J. 9 M.
bis 3 J.	bis 2 J. 3 M.	bis 2 J. 9 M.
bis 2 J.	bis 1 J. 6 M.	bis 1 J. 1 M.
bis 1 J.	bis 9 M.	bis 6 M. 3 Wochen
bis 6 M.	bis 3 M. 2 Wochen	bis 3 M. 1 Woche
5 bis 360 TS	5 bis 270 TS	5 bis 202 TS

Zurzeit obliegt es in Deutschland allein den Richtern, darüber zu entscheiden, inwieweit tat- und täterindividuelle Argumente und vor allem mit welchem Gewicht jedes einzelne dieser Argumente in ein Urteil einfließen sollen und können. Klar ist damit natürlich, dass das subjektive Moment, die eigene Betrachtungs- und Wertungsweise eines jeden Richters, sehr starken Einfluss bei der Urteilsfindung hat.

Mehr Verantwortung beim Gesetzgeber?

Gerade dies sucht die oben genannte Diskussion einzuschränken. Es soll erreicht werden, dass die Verantwortung für das Strafmaß wieder mehr zum Gesetzgeber verlagert wird und damit eine Entlastung der Richter einhergeht. Die Richter selbst mögen dies allerdings weniger als Entlastung empfinden, vielmehr als Einschränkung ihrer Kompetenz. Würde man nämlich tatsächlich sogenannte Guidelines einführen, so hätten wir einen Strafrahmenkatalog in Deutschland, an dem sich jedes Gericht entsprechend der abzuurteilenden Straftaten zu orientieren hätte. Man kann sich das ungefähr wie folgt vorstellen:

Straftat	Strafmaß
Diebstahl	= 6 Monate Freiheitsstrafe
Schwerer Diebstahl mit Einbrechen durch Öffnen von Türen oder Fenstern	= 3 Jahre Freiheitsstrafe
Diebstahl mit zusätzlicher Verwüstung	= 2 Jahre Freiheitsstrafe
Vergewaltigung	= 3 Jahre Freiheitsstrafe
Vergewaltigung durch mehrere	= 8 Jahre Freiheitsstrafe
Vergewaltigung durch mehrere und Einführung fremder Gegenstände in Körperöffnungen	= 10 Jahre Freiheitsstrafe

Wenn man einen solchen Katalog betrachtet, kann einem kalt werden. Natürlich mögen die Strafen auf den ersten Blick in einem Verhältnis zur Tat stehen, allerdings wäre dann tatsächlich jede individuelle Betrachtung des Tatgeschehens, die individuelle Betrachtung des Täters und auch die der Opfer völlig außen vor gelassen.

Stellen wir uns nur einmal vor, wir hätten es mit einem Diebstahl zu tun, bei dem der Dieb in das fremde Haus durch Öffnen von Fenstern und Türen eingedrungen ist. Nach der obigen Tabelle würde dies bedeuten, dass der Täter immer drei Jahre bekäme. Vielleicht würde eine Strafmilderung durch Alkoholisierung oder Ähnliches noch akzeptiert. Nehmen wir aber einfach einmal an, der „Dieb" holt sich bei seinem Nachbarn einen vollen Kasten Bier wieder, den dieser ihm am Vorabend aus dem Keller entwendet hat, um seine durstigen Fußballfreunde verköstigen zu können, dann würde auch dieser Einbruch mit einer dreijährigen Haftstrafe sanktioniert werden müssen. Denn die Strafe für die Tat wäre ja vorgegeben.
Eine dreijährige Freiheitsstrafe für solch eine Tat wäre aber außerhalb jeglicher Verhältnismäßigkeit.

Vorbild Verkehr

Bei Verkehrsstrafen ist eine solche Praxis mittlerweile bei fast allen Staatsanwaltschaften in Deutschland gang und gäbe.
Hier weiß jeder, dass er für eine Trunkenheitsfahrt mit 1,1 Promille – ohne dass er einen Schaden bei jemand anderem verursacht hat – eine Geldstrafe von 40 bis 60 Tagessätzen neben einem Führerscheinentzug von neun bis zwölf Monaten zu erwarten hat. Dies hat man erreicht, indem die Staatsanwaltschaften Richtlinien erlassen haben, die ähnlich wie die Bußgeldtabelle funktionieren. Auch wenn das bei größeren Straftaten nicht ganz so funktionieren kann, fragt man sich natürlich dennoch, wie es sein kann, dass ein Täter beispielsweise für eine Vergewaltigung eine zweijährige Bewährungsstrafe erhält, ein anderer Täter für nahezu

die gleiche Tat von einem anderen Gericht dagegen eine dreijährige Haftstrafe (von der er in aller Regel auch mindestens zwei Jahre lang in Haft verbringen muss).

Die im Verkehrsrecht üblichen Richtlinien werden Antragspaxen genannt. Dies, weil sie die Höhe des beim zuständigen Gericht zu beantragenden Strafbefehles nennen.
Zur Erläuterung seien folgende Abkürzungen kurz erklärt:
TS = Tagessätze (dies ist gleichbedeutend mit einem Dreißigstel des monatlichen Nettoeinkommens des Täters)
FE = Fahrerlaubnissperre
FHS = Freiheitsstrafe

Vorbild Steuerfahndung

Nicht nur das Straßenverkehrsrecht kennt solche klaren Guidelines, sondern auch das Steuerrecht wie oben bereits angedeutet. Der Bundesgerichtshof hat im Jahre 2017 entschieden, dass bei Steuerstrafsachen mit einem verursachten Steuerschaden von über einer Million keine Bewährungsstrafen mehr gegeben werden können, es sei denn, es läge ein wirklich außergewöhnlicher Fall vor.

So wäre auch hier eine weitere tabellarische Vorgabe des Gesetzgebers denkbar, dass bei einer Steuerschuld von einer bis zu fünf Millionen Euro eine Freiheitsstrafe von bis zu drei Jahren gilt, bei Steuerschäden von fünf bis zu zehn Millionen eine Freiheitsstrafe von mindestens drei bis zu fünf Jahren droht und bei Steuerschäden ab zehn Millionen aufwärts Freiheitsstrafen nicht unter acht Jahren zu verhängen sind.

Natürlich würde man mit einer solchen Regelung den Entscheidungsspielraum der zuständigen Richter einschränken. Für die Bevölkerung könnte dies allerdings eine größere Transparenz bedeuten. Und diese Transparenz könnte dazu beitragen, dass das Vertrauen der Bevölkerung in die Justiz gestärkt ist.

ANTRAGSPRAXIS BEI STRAFTATEN IM STRAßENVERKEHR

1. § 316 StGB	
a) Ersttäter (bei motorbetriebenen Fahrzeugen aller Art)	
bis 1,09 ‰	30 TS, FE-Sperre 8 bis 9 Monate
bis 1,99 ‰	35-40 TS, FE-Sperre 9 bis 10 Monate
ab 2,00 ‰	ab 45 TS, FE-Sperre mind. 12 Monate, Verdacht auf Alkoholabhängigkeit bis 24 Monate
b) Wiederholungstäter / Zeitraum zwischen der vorherigen und der neuen Tat	
• binnen 2 Jahren	3 bis 4 Monate FHS, Bewährung, FE-Sperre mindestens 18 Monate
• nach 2 bis 5 Jahren	Verdoppelung der Geldstrafe oben + FE-Sperre mindestens 18 Monate
c) Radfahrer	Geldstrafe ab 20 TS
2. § 315 c Abs. 1 - Bedeutender Wert i. S. v. § 315c StGB: Nr. 1a StGB (Alkohol) Fremdschaden ab 1.300 EUR	
a) Ersttäter (w. o.)	
bis 1,09 ‰	35 bis 40 TS, FE-Sperre 10 bis 12 Monate
bis 1,99 ‰	45 bis 50 TS, FE-Sperre 12 Monate
ab 2,00 ‰	55 TS, FE-Sperre mindestens 12 Monate
bei Verdacht auf Alkoholabhängigkeit bis 24 Monate	
b) Wiederholungstäter	
• binnen 2 Jahren	4 bis 6 Monate FHS, Bewährung, FE-Sperre mindestens 2 Jahre
• nach 2 bis 5 Jahren	Verdoppelung der Geldstrafen
oben a. u. b.	FE-Sperre mindestens 2 Jahre
c) mit §§ 229, 52 StGB	
Erhöhung der Geldstrafe um mindestens 5 TS	
d) Radfahrer	
Geldstrafe ab 30 TS	
3. §§ 316, 315c Abs. 1 Nr.1a	
Strafmaß und Nebenfolgen (sonst. berauschende Mittel) angelehnt an oben 1. und 2.	
§§ 315 c Abs. 1 Nr.1b StGB (körperl. oder geistige Mängel)	
§ 323 a StGB (Vollrausch)	
4. §§ 315c Abs. 1 Nr.2 StGB	
Geldstrafe ab 40 TS, (Straßenverkehrsgefährd.)	

Selbst die Befürworter von Guidelines wollen Guidelines für das Strafrecht allerdings gar nicht so eindeutig sehen. Sie sollen tatsächlich nur eine (bessere) Orientierung für das Gericht sein: Sie sollen keine vorgegebene Punktstrafe sein, die auszuurteilen ist, sondern lediglich der Einstieg in die Strafmaßüberlegung des Richters sein.

Härtere Urteile schrecken nicht ab

In den vorausgegangenen Kapiteln habe ich auch dokumentiert, dass bei den Sexualstraftaten und den Taten gegen das Leben kein Abstieg in der Statistik, sondern im Gegenteil ein Anstieg zu beobachten ist. Wie aber können wir verhindern, dass diese Zahl noch weiter ansteigt, oder wie können wir es schaffen, dass diese Zahlen sogar zurückgehen?

Nun bin ich nicht der Auffassung, dass wir härtere Strafen brauchen, als sie die Gesetzeslage hergibt. Zwei bis 15 Jahre Strafandrohung für eine Vergewaltigung sind meiner Meinung nach völlig ausreichend. Den Richtern ist also ein ausreichendes Maß zur Sanktionierung von derlei Straftaten an die Hand gegeben. Aber wird diese Strafgewalt durch die Gerichte auch ausgeschöpft?

Ich glaube auch nicht an den Präventivcharakter von härteren Strafen, denn ich glaube nicht, dass ein Täter vor der Tat darüber nachdenkt, wie hoch seine Strafe ausfällt, falls er erwischt werden sollte. Dies scheinen übrigens auch die Studien aus den USA (und teilweise auch aus Deutschland) zu belegen, die zeigen, dass härtere Strafen nicht unbedingt dazu führen, dass Straftaten zurückgehen.

Geht es um Konsequenz?

Aber wahrscheinlich geht es ja gar nicht um härtere Strafen. Vielleicht geht es nur um die Konsequenz, mit der unsere Urteile gefällt werden. Die Diskussion, ob wir härtere Strafen brauchen, um dem Gedanken der Generalprävention folgen zu können, oder

ob härtere Strafe zu nichts führen, dreht sich im Kreis. Letztendlich muss es darum gehen, wie konsequent wir handeln. Und da sollte tatsächlich sehr genau darüber nachgedacht werden, ob wir unsere Strafzumessungsgründe wirklich ernsthaft beachten oder aber den Weg des geringeren Widerstandes gehen und noch einmal Milde walten lassen.
Am Ende vom Tag muss eine verlässliche Justiz dastehen, die das in sie gesetzte Vertrauen rechtfertigt.

Die Freiheit der Richter

Ich habe es schon einmal gesagt: Natürlich müssen Richter in ihrer Entscheidung frei bleiben. Nicht umsonst haben wir die Gewaltenteilung, die als wichtiger Grundpfeiler unserer Demokratie dasteht. Allerdings kann dies nicht bedeuten, dass wir das Gerechtigkeitsempfinden der Bevölkerung völlig außen vor lassen.

Eine Strafrechtsexpertin erklärte vor einiger Zeit, sie habe den Eindruck, dass Richter bei der Strafzumessung allzu häufig von der Befürchtung geleitet würden, das Urteil habe eventuell keinen Bestand in der höheren Instanz. Im Klartext: Es bestehe die Befürchtung, die Richter urteilten so, dass ihr Urteil vom Berufungs- oder Revisionsgericht nicht aufgehoben wird. Weiter erklärte sie, man verharre auch bei der Beurteilung grober Gewalttaten im mittleren Strafrahmen. Ein Urteilsspruch müsse aber Rechtsfrieden schaffen, deshalb dürften sich Richter nicht allzu sehr von der Meinung des Volkes entfernen.

Verstehen durch Transparenz

Zu diesem Verständnis gehört aber auch eine größere Bereitschaft der Justiz und der Politik, über diese Probleme zu sprechen. In der Diskussion über das bekannte Raser-Urteil des Berliner Landgerichtes (siehe auch Kapitel 12 – „Die Sache mit dem Vorsatz“) beschwerte sich der Vorsitzende des Landesverbandes des Deutschen Richterbundes in der Presse über die offenen Worte der Staatsanwältin, die das Urteil kritisiert hatte. Er war der

Meinung, dass dies nicht öffentlich diskutiert werden müsse oder gar dürfe. Solche Meinungsverschiedenheiten könnten intern besprochen werden.

Da bin ich doch ganz anderer Meinung. Was schadet es, wenn selbst Beteiligte im Nachhinein öffentlich über ein Urteil diskutieren oder sich aussprechen? Dies ist mittlerweile in politischen Fernsehsendungen gang und gäbe. Warum sollten sich dann nicht einige der Justizmitglieder an solchen Diskussionen beteiligen? Gerade wenn sich Richter, Staatsanwälte und Anwälte aus unterschiedlichsten Blickwinkeln über Urteile unterhalten und dies auch noch öffentlich tun, kann das doch nur ein Mehr an Verständnis der Bevölkerung für entsprechende Urteilsfindungen erzeugen – zumindest aber ein Verstehen.

Zudem könnte die Justiz dadurch den ihr allzu oft angehängten Makel der „Mauschelei" vermeiden.

Aber das würde eine, aus Sicht der Justiz, enorme Öffnung bedeuten. Können Sie sich vorstellen, dass bis vor einigen Jahren noch darüber diskutiert wurde, ob man als Verteidiger dem Angeklagten eine Kopie der Ermittlungsarbeiten übergeben darf? Und nicht umsonst verlangt der Bundesgerichtshof seit Jahren, dass sogenannte Deals, also ein Aushandeln des Urteilsmaßes im Vorfeld des Urteilsspruches, nicht nur den Verfahrensbeteiligten, sondern auch dem breiten Publikum öffentlich im Gerichtssaal erläutert werden muss.

Ein schmaler Grat zum Populismus

Das bedeutet natürlich nicht, dass die Justiz nun Urteile nach dem Willen des Volkes fällen muss, aber sie hat sich natürlich Gedanken darüber zu machen, inwieweit Urteile in der Bevölkerung Akzeptanz finden. Zugegebenermaßen ist es ein schmaler Grat zwischen demokratisch sensibler Rechtsfindung und Populismus. Die Rechtsprechung darf natürlich nicht der teilweise sehr kurzlebigen Stimmung in der Bevölkerung folgen, sie darf auch nicht den zeitweiligen Stimmungsschwankungen der Politik folgen. Sie darf aber auch nicht abgehoben und unkalkulierbar wie aus einer Dunkelkammer erfolgen.

Ansetzen sollten wir bei den individuellen Straferfordernissen und dem einzelnen Tätern, das heißt bei einer intensiveren Betrachtung der einzelnen Strafzumessungserwägungen, wie ich sie in den folgenden Kapiteln beschreibe. Nur ein Beispiel: Warum werten wir beispielsweise das lapidare Lippenbekenntnis eines Täters wie „Es tut mir leid, was ich getan habe" als eine echte Entschuldigung für das Opfer? Dieser Punkt erscheint mir so wichtig, dass ich ihm sogar ein eigenes Kapitel gewidmet habe (Kapitel 14).

KAPITEL 12

DIE SACHE MIT DEM VORSATZ

WAR ES ABSICHT?

Sie erinnern sich noch an den Fall, den ich im ersten Kapitel geschildert habe, als ich als Vertreter des Nebenklägers einem Vater erklären musste, warum diejenigen, die seinen Sohn erstochen hatten, nicht wegen Mordes verurteilt wurden?

Nun, dieser Fall ist ein Beispiel dafür, wie eine Strafe milder ausfällt, als sich das vor allem die Opfer vorstellten, weil das Gericht den Vorsatz des Täters nicht als nachgewiesen erkannte.

Einfach ausgedrückt bedeutet Vorsatz: Der Täter muss sich darüber im Klaren sein, was er tut, und genau dies auch wollen, zumindest muss er billigend in Kauf nehmen, was durch das eigene Handeln passiert, das heißt, er nimmt die Folgen seines Tuns vollumfänglich in Kauf.

Dem Täter den Vorsatz seiner Tat nachzuweisen, ist oft schwierig und kann zu vielen Diskussion führen. Dazu habe ich hier vier Fälle herausgesucht, über die Sie sich auch selbst ein Urteil bilden können – immer in dem Bewusstsein der festgelegten Definition von Vorsatz.

FALL 29

Dieser Fall hat auch in der breiten Öffentlichkeit zu großen Diskussionen geführt.
Sechs Jugendliche, warfen ein brennendes Taschentuch auf einen auf einer Parkbank schlafenden Obdachlosen und flohen, als die Kleidung des Mannes Feuer fing. Dabei kümmerten sie sich nicht weiter um den Mann mit der brennenden Kleidung. Videoaufzeichnungen der Tat zeigten auch, wie die jungen Täter zuvor minutenlang neben dem Schlafenden gestanden, sich un-

terhalten und Witze gemacht hatten. Diesen Videoaufnahmen konnte man auch entnehmen, dass die Täter Kapuzen über ihre Köpfe zogen, als sie die Videokameras bemerkt hatten. Durch das Einschreiten einiger Passanten konnte der Obdachlose unverletzt gerettet werden.
Die Jugendlichen, die sich aufgrund der Videoaufnahmen schließlich doch freiwillig bei der Polizei gestellt hatten, erklärten, sie hätten den Obdachlosen nur durch ein „kleines Feuerchen" erschrecken und aufwecken wollen.

Die Staatsanwaltschaft warf den jungen Männern versuchten Mord vor und forderte vier Jahre Haft.

DAS URTEIL
Das Gericht verurteilte die Straftäter wegen versuchter gefährlicher Körperverletzung. Der Haupttäter erhielt zwei Jahre und neun Monate Jugendstrafe, die anderen Täter allesamt Bewährungsstrafen.

Nun mag die Jugendstrafe von zwei Jahren und neun Monaten vor allem auch, weil sie tatsächlich abzusitzen ist nicht so weit von der beantragten Strafe der Staatsanwaltschaft von vier Jahren entfernt sein.

Der unterschiedliche Grund der Verurteilung ist allerdings elementar. Ob jemand wegen versuchten Mordes verurteilt wird und damit festgestellt wird, dass dieser einen anderen Menschen töten wollte, ist doch etwas anderes als die Feststellung, dass er einen anderen Menschen gefährlich verletzen wollte.

Das Gericht musste sich also mit der Frage auseinandersetzen, ob die jungen Männer den Obdachlosen durch das Anzünden nur verletzen oder töten wollten. Was jemand will, also juristisch was jemand mit einer gewissen Tathandlung erreichen möchte, ist nicht ganz so einfach zu klären. Die Rechtsprechung hätte im vorliegenden Fall für eine Verurteilung wegen Mordes vorausgesetzt, dass die Täter durch ihre Tathandlung, also das Anzünden, die Tötung des Obdachlosen in Kauf genommen hätten. Nun kann man sich selbst Gedanken darüber machen, was ein Täter in Kauf nimmt, der auf einen schlafenden Obdachlosen ein brennendes Taschentuch wirft. Das zuständige Gericht jedenfalls entschied, dass es kein versuchter Mord war, da den Tätern dafür der Vorsatz, das heißt der mutmaßliche Wille, gefehlt habe.

Das Bewusstsein für eine Tat kann abschrecken

Das Bewusstsein, wegen welcher Handlungen man sich zur Verantwortung zu ziehen hat, halte ich allerdings für einen wesentlichen Aspekt bei der Frage der Abschreckung beziehungsweise der Vorbeugung von Straftaten. Ein Täter, der zu vergegenwärtigen hat, dass er sich wegen eines versuchten oder gar vollendeten Mordes zu verantworten hat, mag eher von einer Straftat abgehalten werden als derjenige, der glaubt, mit einer Verurteilung wegen einer Körperverletzung davonkommen zu können.

Wie schwierig es für die Gerichte ist, den Straftätern einen Vorsatz nachzuweisen, zeigt aber auch der nächste Fall.

FALL 30

In einem U-Bahnhof schlug der Täter einer jungen Frau grundlos zweimal mit der Faust ins Gesicht und schubste sie dann auf die U-Bahn-Gleise. Die junge Frau konnte vor dem hereinfahrenden Zug nur durch das beherzte Eingreifen von Passanten gerettet werden, die sie von den Gleisen zogen.

DAS URTEIL

Eine Jugendstrafe von einem Jahr, zur Bewährung, sowie 100 Arbeitsstunden und ein Anti-Gewalt-Training.

Ein Tötungsvorsatz war dem Täter nicht nachzuweisen. Nun mag sich der eine oder andere fragen, wie es denn an einem Tötungsvorsatz fehlen kann, wenn man einen Menschen auf Bahngleise schubst. Schließlich muss der Täter doch damit rechnen, dass der Geschubste dabei zu Tode kommt. Wenn er allerdings tatsächlich nicht weiß oder behauptet, nicht damit gerechnet zu haben, dass bald ein Zug einfahren würde, und er stattdessen geglaubt habe, das Opfer käme von selbst wieder auf die Füße, dann ist es für ein deutsches Gericht nicht einfach, eine versuchte absichtliche Tötung zu erkennen.

In der breiten Öffentlichkeit diskutiert wurde das Thema Vorsatz auch bei einem Fall, der vor dem Berliner Landgericht verhandelt wurde und übrigens noch immer nicht endgültig entschieden ist. Es ging um zwei Männer, die sich mitten in der Stadt ein Autorennen lieferten, mit fatalem Ausgang.

FALL 31

Ein 24 und ein 26 Jahre alter Mann lieferten sich mitten in der Nacht auf dem Berliner Kurfürstendamm ein Autorennen mit Geschwindigkeiten von bis zu 170 Stundenkilometern, überfuhren dabei eine rote Ampel und kollidierten mit einem 69-jährigen Rentner, der bei Grün in die Kreuzung eingebogen war. Der Rentner verstarb noch an der Unfallstelle.

DAS URTEIL

Zum ersten Mal in der deutschen Rechtsgeschichte wurden Autoraser hier wegen Mordes verurteilt. Das Gericht war der Meinung, dass die Raser damit hätten rechnen müssen, dass es bei Autorennen innerhalb der Stadt mit solch hoher Geschwindigkeit zu einem Unfall komme könne und dabei Menschen zu Tode kommen könnten. Doch das war nur die erste Instanz. Denn die Angeklagten gingen in Revision.

Dieses Urteil des Berliner Landgerichtes war tatsächlich erstaunlich, da bis dato Raser, die sich in deutschen Städten Rennen lieferten, meist nur wegen fahrlässiger Tötung verurteilt wurden und somit mit Bewährungsstrafen davongekommen waren.

Schützt Selbstüberschätzung vor Strafe?

Auf die Revision der beiden Angeklagten hin beschäftigte sich der Bundesgerichtshof mit diesem Fall und hatte natürlich zu klären, ob die Täter fahrlässig oder mit Vorsatz gehandelt hatten. Damit von einem Vorsatz ausgegangen werden kann, hätten die Fahrer damit rechnen müssen, dass sie bei ihrem Rennen einen anderen Verkehrsteilnehmer oder Fußgänger hätten töten können. Die Verteidiger hatten ein verkehrspsychologisches Gutachten in Auftrag gegeben, das zu dem Ergebnis kam, dass die beiden Fahrer glaubten, sie hätten bei ihrem Rennen alles unter Kontrolle gehabt – auch ihr eigenes Leben.

Das entbehrt nicht einer gewissen Logik: Wenn man davon ausgeht, die Täter seien im Bewusstsein gefahren, alles unter Kontrolle zu haben, hätten sie natürlich nicht mit dem Tod eines anderen Verkehrsteilnehmers rechnen können. Die Verteidiger argumentierten deshalb, dass sich die Täter zwar selbst überschätzt hätten, ihnen allerdings ein bedingter Tötungsvorsatz gefehlt hätte. Insofern waren sie der Auffassung, dass sich ihre Mandanten lediglich wegen einer fahrlässigen Tötung strafbar gemacht hätten.

Der Kick der Geschwindigkeit nimmt jedes Risiko in Kauf

Das erstinstanzliche Gericht hingegen hatte seine Entscheidung damit begründet, dass jemand, der mit der dreifachen Höchstgeschwindigkeit in einer auch nachts belebten Innenstadt über eine rote Ampel fährt, nicht ernsthaft davon ausgehen kann, dass nichts passieren wird. Es möge sein, dass die Täter nicht beabsichtigt hätten, jemanden zu töten, so das Gericht, für den Kick der Geschwindigkeit aber hätten sie dieses Risiko in Kauf genommen, was die Verurteilung wegen Mordes begründete.

Diesem Argument des Gerichtes entgegnete aber die Verteidigung, man könne nicht auf der einen Seite davon ausgehen, dass die beiden Männer sich darüber im Klaren gewesen seien, einen tödlichen Unfall verursachen zu können, wenn sie andererseits für sich selbst diese Möglichkeit ausgeblendet hätten. Dies war ja die Feststellung des Verkehrspsychologen.

Das Gericht erkannte, dass den Angeklagten aber doch spätestens zu dem Zeitpunkt bewusst gewesen sei, dass sie andere Verkehrsteilnehmer töten könnten, als sie in die Unfallkreuzung hineinrasten, auch wenn sie dann natürlich keine Handlungsmöglichkeit mehr gehabt hätten.
Den Bundesgerichtshof überzeugte diese Begründung offensichtlich nicht. Im Gegenteil, ohne Handlungsmöglichkeit könne auch nicht von einem bedingten Tötungsvorsatz gesprochen werden. Aus diesem Grund hob der Bundesgerichtshof das Urteil zur erneuten Verhandlung auf und verwies das Verfahren an das Berliner Landgericht zurück.

Die Richter müssen nun die Vorsatzfrage noch einmal prüfen. Der erste dazu anberaumte Prozess platzte, weil die Verteidiger einen Befangenheitsantrag gegen die Richter der Strafkammer erfolgreich durchsetzen konnten.

Die Raser sitzen inzwischen seit über zweieinhalb Jahren in Untersuchungshaft. Im November 2018 begann der zweite (neue) Prozess vor einer anderen Kammer des Landgerichtes. Bei Redaktionsschluss dieses Buches war noch kein Urteil gefällt.

Es bleibt abzuwarten, wie das neue Urteil ausfällt. Der Aufschrei in der Öffentlichkeit, als der Bundesgerichtshof das erste Urteil aufhob, war groß. Denn die meisten hatten in diesem Urteil zum ersten Mal ein richtiges Signal gesehen, um (jugendliche) Raser in Zukunft davon abzuhalten, Rennen in Innenstädten zu veranstalten (siehe dazu auch. Ergänzung am Ende des Kapitels).

Festzustellen ist aber, dass der Bundesgerichtshof eine Verurteilung wegen Mordes nicht kategorisch ausgeschlossen hat. Die Rückverweisung des Verfahrens erfolgte aus Erwägungen, die wenig ordnungspolitisch waren, sondern vielmehr dem Verlangen nach einer dezidierten juristischen Aufarbeitung folgten.

Unfall unter Alkohol

Auch der letzte Fall, den ich in diesem Kapitel schildern möchte, betrifft einen jungen Autofahrer, der den Tod von vier Jugendlichen verursachte. Hier spielt allerdings auch noch das Thema Alkohol- und Drogenkonsum eine Rolle.

FALL 32

Ein 24-jähriger junger Mann aus gutem Hause fuhr mit seinem 340 PS starken Cabrio unter Einfluss von zehn doppelten Wodkas und Kokain bei einem riskanten Überholvorgang mit 108 Stundenkilometern ungebremst in ein entgegenkommendes Auto.

Der Fahrer und die Insassen des entgegenkommenden Pkw hatten keine Chance. Alle vier Jugendlichen im Alter von jeweils 18 Jahren wurden getötet.

Der 24-jährige Täter brachte in der Hauptverhandlung sein Bedauern zum Ausdruck und erklärte, dass er sich an die Tat so gut wie nicht erinnern könne.

Der im Verfahren angehörte psychiatrische Gutachter hielt diese Erinnerungslücken des Angeklagten nicht für glaubwürdig. Er wurde wegen fahrlässiger Tötung angeklagt.

DAS URTEIL

Verurteilt wurde er zu einer Freiheitsstrafe von drei Jahren und drei Monaten.

Die Höchststrafe, die einem Täter bei einer fahrlässigen Tötung droht, sind fünf Jahre. Die Eltern der vier Opfer werden die Strafe von drei Jahren und drei Monaten nicht verstanden haben. Wie im Berliner Raser-Fall war auch in diesem Fall der Vorsatz für ein Tötungsdelikt verneint worden.

Wie die Frage, mit was Raser in der Innenstadt, die mit stark überhöhter Geschwindigkeit für ein privates Rennen über eine rote Ampel fahren wohl rechnen müssen, stellt sich auch hier die Frage, mit was ein Täter rechnen muss, der nach dem Genuss von zehn doppelten Wodka und Kokain ins Auto steigt.

Hat der Täter mit Vorsatz gehandelt? Oder nimmt ein Fahrer, der nach zehn Wodkas und unter Kokaineinfluss ins Auto steigt, zumindest billigend in Kauf, dass ein Mensch während seiner Fahrt zu Tode kommt? Macht er sich hierüber überhaupt Gedanken? Ist er überhaupt in der Lage dazu, sich diese Gedanken zu machen, weil er eben unter Alkoholeinfluss steht und ihn das Kokain dazu gebracht hat, sich selbst zu überschätzen?

Fehlendes Bewusstsein durch Alkohol- und Drogeneinfluss

Es scheint nicht so leicht zu sein, einfach zu sagen: „Damit hätte der Täter rechnen müssen." Denn zum „Damit-rechnen-müssen" gehört auch immer ein Bewusstsein. Und damit sind wir beim Einfluss von Alkohol und Drogen, der strafmildernd wirken kann.

Wollte man nun das Gesetz ändern und einfach festschreiben, dass ein Täter, der unter Alkohol fährt, sich wegen eines vorsätzlichen Tötungsdeliktes strafbar macht, so müsste man sich natürlich fragen, bei welcher Promillegrenze man ansetzen will.

Natürlich wäre es möglich, die Promillegrenze in Deutschland auf 0,0 Prozent zu setzen und dann entsprechend der jeweiligen Promilleüberschreitungen und den damit einsetzenden Folgen – ob nun Verkehrsunfall, Verletzungen von Beteiligten, Tod von Beteiligten – die Strafe gestaffelt als Mindeststrafe festzusetzen. Inwieweit dies allerdings zu gerechteren Urteilen führt, wage ich zu bezweifeln.

Statt härterer Strafe eine Ausschöpfung des Strafrahmens

Welche Frage aber auch im vorliegendem Verfahren wieder einmal bleibt, ist, warum der Strafrahmen nicht weiter ausgeschöpft wurde. Vier Menschen mussten ihr Leben durch diese Trunkenheitsfahrt lassen. Natürlich kann man ein Menschenleben nicht in Jahren Freiheitsstrafe berechnen. (Einzelne Stimmen in der Presse sprachen nämlich davon, dass ein Menschenleben somit nicht einmal ein Jahr Freiheitsstrafe wert sei.) Betrachtet man allerdings das Leid auf der Seite der Opferfamilien, so hätte ein Urteil nahe des oberen Strafrahmens von fünf Jahren vielleicht eher für Verständnis gesorgt. Dabei geht es überhaupt nicht darum, die Allgemeinheit „zufriedenzustellen". Es geht vielmehr um Akzeptanz. Meine Erfahrung als Strafverteidiger zeigt mir immer wieder, dass die Bevölkerung mit Obergrenzen wie auch mit Untergrenzen von Strafen sehr gut umgehen kann. Deshalb bin ich der festen Überzeugung, dass wir keine härteren Strafen brauchen, sondern eine größere Einheitlichkeit bei den ausgeteilten Strafmaßen.

In Hamburg hat der Bundesgerichtshof (Februar 2018) zum ersten Mal auf Mord nach einer betrunkenen Raserei entschieden. Ein Mann fuhr mit einem gestohlenen Taxi betrunken durch die Stadt, versuchte der Polizei durch stark überhöhte Geschwindigkeit zu entkommen und verursachte einen Unfall, bei dem ein 22-jähriger starb. Das Landgericht nahm bedingten Tötungsvorsatz an und verurteilte den Raser zu lebenslanger Haft. Er ging in Revision, die der Bundesgerichtshof nun als unbegründet verwarf. Spannend, was das für den Berliner Fall bedeutet.

KAPITEL 13

NOCH MAL ANDERS ÜBERLEGT – DER RÜCKTRITT VOM VERSUCH

DIE ABSICHT NICHT ZU ENDE GEFÜHRT

Um diese Besonderheit des Strafrechtes leichter verstädlich zu machen, will ich gleich mit einem Fallbeispiel beginnen.

Im Gesetz heißt es: „Wegen Versuches wird nicht bestraft, wer freiwillig die weitere Ausführung der Tat aufgibt oder deren Vollendung verhindert."

FALL 33

Vor dem Landgericht stand ein 21-Jähriger, der in Drogengeschäfte involviert war.
Aus irgendeinem Grund (der mir nicht bekannt ist, da ich den Fall nur von einem Kollegen kenne) war er nachts vor dem Zimmer zweier Mädchen aufgetaucht, die ebenfalls in die Drogenszene involviert gewesen sein sollen, und warf auf deren Schlafzimmerfenster einen Molotowcocktail. Dieser zerschellte an der Hauswand.
Obwohl der Angeklagte noch weitere Molotowcocktails bei sich trug, warf er diese nicht und entfernte sich vom Tatort.
Schon am ersten Prozesstag gestand er seine Tat, also den Wurf des einen Molotowcocktails.

Er wurde vor dem Landgericht wegen versuchten Mordes und versuchter besonders schwerer Brandstiftung angeklagt.

DAS URTEIL
Der Angeklagte wurde freigesprochen.

Die Begründung – im Strafgesetzbuch steht, wie oben erwähnt: „Wegen Versuchs wird nicht bestraft, wer freiwillig die weitere

Ausführung der Tat aufgibt oder deren Vollendung verhindert." Um zu klären, ob das Werfen nur eines Molotowcocktails, obwohl er mehrere dabeihatte, tatsächlich dem Aufgeben der Tat entspricht, muss man sich natürlich fragen, was der Angeklagte denn wollte. Dieser gab an, er habe das Haus in Brand setzen wollen. Durch den ersten Wurf habe er dies nicht erreicht. Also hätte er natürlich, um seinen Plan umzusetzen, weitere Würfe tätigen müssen. Genau davon ließ er aber ab. Somit waren sich Gericht, Staatsanwaltschaft und Verteidiger einig, dass ein Abbruch der Tat stattgefunden hatte.

Schräge Schlussfolgerung

Stellen wir uns aber doch einmal theoretisch folgende Fallvariante vor: Der Täter hätte nur einen Molotowcocktail dabeigehabt und diesen an die Hauswand geworfen. Er hätte gesehen, dass sein Versuch gescheitert ist, und wäre gegangen. Da er aber nur einen Molotowcocktail dabeihatte, wäre dies ja kein Abbruch eines Versuchs gewesen. Er hätte sich also aller Wahrscheinlichkeit nach wegen versuchten Mordes und versuchter besonders schwerer Brandstiftung verantworten müssen.

Für den Verteidiger war dieses Ergebnis sicherlich ein großer Erfolg. Ob es für den Angeklagten das rechte Zeichen war, weiß ich nicht zu beurteilen. Ich hoffe nicht, dass der, der Böses denkt, nun demnächst eine schräge Schlussfolgerung aus solchen Urteilen zieht und demnächst die Empfehlung ausspricht, besser immer gleich mehrere Molotowcocktails dabeizuhaben.

Die letzte Chance zur Umkehr

Um die Straflosigkeit eines Täters, der von einem Versuch zurücktritt, verstehen zu können, muss man sich kurz mit den Einzelheiten der juristischen Vorschriften beschäftigen. Der Hintergrund dafür, warum jemand straffrei davonkommen soll, der eine Straftat begonnen hat, sie jedoch nicht vollendet und deren Erfolgseintritt verhindert hat, scheint klar auf der Hand zu liegen. Man will dem Täter bis zum letzten Moment die Chance geben, von Straftaten Abstand zu nehmen, sich tatsächlich bis zum letzten Moment in der Gewissheit entscheiden zu können, dass man nicht oder nur milde bestraft wird, wenn man beispielsweise die ins Auge gefasste Körperverletzung oder die Tötung eines Menschen eben nicht durchführt.

Hat also der Täter beispielsweise auf das Opfer eingestochen und verhindert dann aber, dass das Opfer durch Verbluten stirbt, indem er selbst die Blutung stillt und einen Krankenwagen holt, so soll er nicht wegen versuchten Totschlags verurteilt werden. Was bleibt, wäre dann „nur" eine Körperverletzung.

FALL 34

Ein 16-jähriges Mädchen und ein 18-jähriger Junge waren seit zwei Jahren fest zusammen. Es war für beide die erste längere Beziehung. Doch eines Abends, nachdem die beiden eigentlich gerade ein schönes und harmonisches Wochenende miteinander verbracht hatten, erklärte die 16-Jährige, dass sie sich trennen wolle. Ihren Freund muss dies wie einen Hammerschlag getroffen haben, denn er erklärte gleich, dass er sich dann umbringen wolle. Von dieser Äußerung bestürzt, sackte das Mädchen weinend auf dem Bett zusammen. Er nutzte diese Gelegenheit, durchsuchte ihr Handy und fand Beweise dafür, dass das Mädchen tatsächlich einige Tage vorher mit einem anderen Jungen Sex gehabt hatte. Der Chatverlauf war wohl eindeutig.

Der junge Mann holte ein kurzes Küchenmesser, setzte sich auf die immer noch weinend im Bett liegende Freundin und stach ihr mit dem Messer in den Bauch. Ihm war klar, wie er auch in der Verhandlung zugab, dass diese Stiche hätten tödlich sein können. Zum Glück für die junge Frau wurden keine inneren Organe verletzt. Das Mädchen wehrte sich, es kam zum Kampf. Dabei fügte der junge Mann dem Mädchen weitere Verletzungen im Gesicht, am Hinterkopf und am Unterarm zu. Aus irgendeinem Grund hat er dann aber von sich aus die weitere Tathandlung aufgegeben. Hatte er also ursprünglich vor, das Opfer zu töten, so hatte er nunmehr diesen Versuch aufgegeben, war damit von dem Tötungsversuch zurückgetreten. Tatsächlich hat das junge Mädchen auch überlebt.

URTEIL

Das Landgericht urteilte auf gefährliche Körperverletzung, nicht aber Mordversuch. Die Strafe: eine zweijährige Jugendstrafe, die zur Bewährung ausgesetzt wurde. Im Rahmen der Bewährungsauflagen wurde der Täter angewiesen, eine Psychotherapie zu machen.

Dieses doch erstaunlich milde Urteil ist vor allem dadurch zu erklären, dass das Gericht offensichtlich zu der Auffassung gelangt war, der Täter habe die Möglichkeit gehabt, sein Opfer zu töten, sei dann aber aus freien Stücken von diesem Tötungsvorsatz zurückgetreten. Damit war die Anklage für „versuchten Totschlags" vom Tisch.

Durch die Stiche in den Bauch hatte das Mädchen allerdings schwere, wenn auch nicht lebensgefährliche Verletzungen erlitten. Die psychischen Beeinträchtigungen waren jedoch erheblich. Noch Monate nach der Tat musste sich das Opfer wegen Angst- und Schlafstörungen einer psychotherapeutischen Behandlung unterziehen.

Die Strafe mit Erziehungsgedanken

Die Kammer hielt die Voraussetzung für die Notwendigkeit der Verhängung einer Jugendstrafe als einschneidendste Einwirkungsmöglichkeit im Jugendstrafrecht für gegeben. Sie war also der Auffassung, dass schädliche Neigungen beim Jugendlichen vorhanden seien und er deshalb eine Jugendstrafe erhalten müsse. Bei deren Bemessung musste aber, wie ich es schon in Kapitel 6 zum Thema Jugendrecht erläutert habe, primär der Erziehungsbedarf und weniger der Sanktionszweck oder etwaige Präventionserwägungen zum Urteil führen. Auch wurde die affektbedingte verminderte Schuldfähigkeit erheblich zugunsten des Angeklagten berücksichtigt. Zudem berücksichtigte die Kammer, dass der Angeklagte bereits im Vorfeld der Verurteilung durch die Folgen seines Tuns in erheblichem Maße beeindruckt schien, was den Erziehungsbedarf im Urteil minderte. Da ich diesen Fall nicht selbst erlebt habe, kann ich Letzteres natürlich nicht beurteilen.

Allerdings bin ich der Meinung, dass man darüber diskutieren kann, wieso sich ein strafbefreiender Rücktritt vom Totschlag oder Mord, wie in diesem Fall, auch gleich auf die Straftat und die entsprechende Strafe auswirken soll, die ja doch immerhin noch geblieben ist: die gefährliche Körperverletzung. Dass dies im vorliegend Fall offensichtlich so war, zeigt die Bewährungsstrafe für die gefährliche Körperverletzung.

Ist aber ein solcher, quasi zweifacher Rabatt gerecht? Immerhin hat der Täter dem Mädchen nicht nur mehrere, deutlicher gesagt zahlreiche, Messerstiche zugefügt, und auch nicht davon abgelassen, als es sich wehrte. Dazu kommen noch die erheblichen psychischen Auswirkungen auf das Opfer.

Sicherlich ist es richtig, einen Straf-Rabatt zu gewähren, wenn eine Tat abgebrochen wird, beispielsweise, weil der Täter das Unrecht seiner Tat begreift. Dennoch müsste doch der bis dahin verursachte Schaden in die Urteilsfindung mit einfließen.

In die Falle getappt

Interessant ist zu diesem Thema auch der nächste Fall, weil zum Tatabbruch ein ganz besonderer Umstand führte.

FALL 35

Die beiden Angeklagten hatten sich entschieden, einen Drogendealer aufzusuchen und diesem Drogen und Geld zu rauben. Sie überredeten deshalb eine junge Frau, an seiner Wohnung zu klingeln. Sobald er ihnen die Türe geöffnet hatte, drängten die beiden den mutmaßlichen Dealer in dessen Wohnung zurück und überwältigten ihn. Einer der Angeklagten nahm ihn in den Schwitzkasten, der andere traktierte ihn mit Fäusten. Der attackierte Mann erklärte, er sei Polizeibeamter, und forderte die beiden Angreifer auf, nach dem Ausweis in seiner Jacke, die über einem Stuhl hing, zu suchen.
Sie fanden diesen Ausweis, gaben ihren Tatplan sofort auf und flüchteten.

DAS URTEIL

In der Verhandlung vor dem Landgericht wurden sie – unter Einbeziehung vorangegangener Strafen – zu einem Jahr und sechs Monaten beziehungsweise einem Jahr und zehn Monaten Freiheitsstrafe verurteilt, die beide für die Täter zur Bewährung ausgesetzt wurden.

Die Verurteilung erfolgte wegen gefährlicher Körperverletzung, nicht jedoch wegen Raubes, von dem die Täter tatsächlich strafbefreiend zurückgetreten waren, weil sie ja ihren Ursprungsplan aufgegeben hatten.

Auch wenn wir die vorangegangenen miteinbezogenen Strafen nicht kennen, so erscheint das vorliegende Urteil doch nachvollziehbar. Denn mehr als einen Hausfriedensbruch und eine wenig intensive Körperverletzung war auf der Seite der Täter nicht geblieben. Fragt sich nur, was passiert wäre, wenn das Opfer kein Polizeibeamter gewesen wäre.

KAPITEL 14

GESTÄNDNIS ODER LIPPEN-BEKENNTNIS?

DER UNTERSCHIED ZWISCHEN KALKÜL UND EHRLICHEM BEDAUERN

Eine Entschuldigung und ein Geständnis wirkten in den meisten Fällen strafmildernd, kann also die eigentlich zu erwartende Strafe verringern.

Das liegt zum einen daran, dass Geständnisse prinzipiell die Verfahrensdauer vermindern, zum anderen kann ein Geständnis, wie ich ja schon bei anderen Fällen in diesem Buch beschrieben habe, verhindern, dass ein Opfer vor Gericht aussagen und damit die Tat noch einmal erleben muss. Zudem kann ein solches Geständnis und die damit einhergehende Entschuldigung den Opfern dabei helfen, die Folgen der Straftat besser zu verarbeiten.

Was mich nur immer wieder erschreckt, ist, wie wenig vor Gericht oft zwischen einem reinen Lippenbekenntnis und einem echten und ehrlich gemeinten Geständnis oder einer Entschuldigung unterschieden wird. Ein Lippenbekenntnis ist für mich die lapidar und meist erst auf Anraten seines Anwalts am Ende der Hauptverhandlung ausgesprochene Erklärung des Täters, dass er die Tat bereue. Sicherlich kann niemand, auch kein Richter, in Kopf und Herz eines Angeklagten sehen, aber aus meiner eigenen Praxis weiß ich, dass man zwischen einem Lippenbekenntnis und einer ehrlichen Entschuldigung eigentlich ganz gut unterscheiden kann.

Wie eine ehrliche Entschuldigung aussehen kann, zeigt der nächste für alle Beteiligten eigentlich schreckliche Fall, in dem ich den Täter als Strafverteidiger vertreten habe. Hier ging die Entschuldigung, die auch mit Taten verbunden war, weit über ein Lippengeständnis hinaus, was nicht nur Folgen für das Urteil, sondern auch – im positiven Sinn – für die Opfer hatte.

FALL 36

Der Täter befuhr nachts eine Landstraße, nachdem er eine Jugendversammlung seines Sportvereines, in dem er als Jugendobmann ehrenamtlich tätig war, verlassen hatte. Er hatte, von Zeugenaussagen belegt, über den Zeitraum von zwei Stunden wohl ein Cola-Weizenbier getrunken. Auf der Kuppe einer Landstraße, die durch ein Waldstück führte, kam es zu einer Kollision. Diese Kollision hatte den Fahrer in eine Art Schockzustand versetzt, so berichtete er im Verfahren. Er glaubte an einen Wildunfall und setze daher zunächst die Fahrt fort. Damit hatte er aber eine Unfallflucht begangen.

Nachdem er zwei bis drei Kilometer weitergefahren war, hielt er an und besann sich. Er blieb etwa zehn bis 15 Minuten in seinem Wagen sitzen und entschloss sich dann zurückzufahren. Kurz bevor er die Unfallstelle erreichte, sah er auf der Kuppe Blaulicht und einen Rettungswagen und entschied sich, wieder umzukehren. Dies war sein nächster großer Fehler.

Am nächsten Tag hatte die Polizei einen Aufruf im örtlichen Radio gestartet, der nach dem Fahrer eines roten VW-Golfs suchte. Kurze Zeit später erreichte mein Büro ein Anruf, in dem mir ein Mann mitteilte, er wolle sich der Polizei stellen, denn er habe am vorangegangenen Abend einen Unfall verursacht. Eine Stunde später saß der Fahrer des roten Golfs in meinem Büro und wir gingen gemeinsam auf die Wache. Die Polizei schilderte uns, dass mein Mandant einen Unfall verursacht hatte, bei dem ein 15-jähriger Junge zu Tode gekommen war, und dass dessen ein Jahr jüngerer Bruder, schwerst verletzt auf der Intensivstation eines örtlichen Krankenhauses lag.

Noch in der Nacht versuchte mein Mandant, sich das Leben zu nehmen, wurde von seiner Frau rechtzeitig entdeckt und zunächst in die Psychiatrie eingeliefert, in der er einige Wochen blieb.

ERSTE KONTAKTE ZWISCHEN TÄTER UND OPFER

Im Rahmen des Ermittlungsverfahrens wendete sich der Nebenklägervertreter, der die Mutter des Getöteten und des mittlerweile in der Genesung befindlichen anderen Jungen vertrat, an mich und bat um ein Treffen mit der Mutter der Opfer und meinem Mandanten. Er wollte über einen möglichen Täter-Opfer-Ausgleich sprechen.

Diese Situation war sicherlich die schwierigste, die ich bis dahin in meiner ganzen beruflichen Laufbahn erlebt hatte. Wie sollte man sich bei einem Treffen verhalten, bei dem der eigene Mandant auf die Mutter traf, die durch den von ihm verursachten Unfall einen ihrer Söhne verloren hatte?

Bis zur Hauptverhandlung gab es dann einen intensiven Austausch zwischen meinem Mandanten, seiner Familie und der Mutter der beiden Jungen. Man besuchte gemeinsam Freizeitveranstaltungen und mein Mandant unterstützte die hilfsbedürftige Familie auch finanziell.

VOR GERICHT

Die Anklage der Staatsanwaltschaft lautet auf Mord durch Unterlassen. Im Hauptverfahren stellte sich zwar heraus, dass der Junge gleich nach der Kollision verstorben war, dass mein Mandant ihn also auch ohne seine Unfallflucht nicht mehr hätte retten können. Ihm war vorgeworfen worden, er habe den Tod des Jungen billigend in Kauf genommen.

Die Mutter erklärte vor Gericht, dass es ihr nicht so wichtig sei, ob mein Mandant nun eine Freiheitsstrafe abzusitzen hätte. Für sie wäre allein entscheidend, dass er ein Urteil erhielte, das gerecht sei. Sie betonte, dass sie das Verhalten meines Mandanten, die Unfallflucht, als einen großen Fehler erachte, für den mein Mandant sicherlich bestraft werden müsse. Sie wiederholte aber auch, dass sie nicht auf einer Haftstrafe bestehen würde.

DAS URTEIL
Mein Mandant wurde zu einer Freiheitsstrafe von zwei Jahren verurteilt, die zur Bewährung ausgesetzt wurde.

Für den Außenstehenden ist dies sicherlich ein Urteilsspruch, der in seiner Milde kaum nachvollziehbar ist. Aber die Opferseite selbst, die Mutter des getöteten Kindes, hatte ganz offen artikuliert, dass ihr an einer Inhaftierung meines Mandanten nicht gelegen sei. Dies ließ für das Gericht den Weg zu, eine Freiheitsstrafe zur Bewährung auszusetzen. Hätte die Mutter anders gesprochen und ihr Begehren reflektiert dargebracht, so hätte ich es durchaus verstanden, wenn das Gericht die Freiheitsstrafe nicht zur Bewährung ausgesetzt hätte.

Dieser Fall ist für mich wirklich exemplarisch, zeigt er doch echte Reue, Entschuldigung und den ernsthaften Versuch der Wiedergutmachung.

Ein Urteilsmaß muss erträglich für die Opfer sein

Aber es geht hier auch noch um einen anderen entscheidenden Punkt: Meiner Meinung nach kann nicht oft genug betont werden, dass bei allen Fällen mit Opferbeteiligung Strafen gefunden werden müssen, die nicht nur den Belangen der Täter gerecht werden. Urteile dürfen nicht nur im Auge haben, wie wir die Täter in unserem Rechtssystem resozialisieren können. Wir dürfen nicht außer Acht lassen, welches Urteilsmaß für die Opfer oder deren Angehörige erträglich ist.

Und wenn ich von Opfern spreche, so spreche ich gleichzeitig von der Bevölkerung, von den Menschen, die in unserem Land leben. So vorsichtig der allgemeinen Urteilskritik auch zu begegnen ist, so zurückhaltend auch auf den Ruf nach härteren Strafen zu reagieren ist, so dürfen wir nicht vergessen, dass Urteile auch im Namen des Volkes gefällt werden.

Natürlich haben wir einem solchen Ruf des Volkes nicht hinterherzurennen. Nein, dazu sind Juristen nicht da. Aber wir haben für Urteile zu sorgen, die das Volk nachvollziehen kann und die verstanden werden.

Zu einem Urteil gehört auch Empathie

Wenn wir uns vom Verständnis abwenden, verweigern wir uns der Basis. Wir Juristen in Deutschland sind stolz darauf, dass wir eine Abstraktion verstehen, dass wir Emotionen aus Lebenssachverhalten heraushalten können und so die Fälle sachlich einordnen und zu beurteilen verstehen.

Aber zu einem Urteil gehört auch Empathie. Da Empathie nicht so klar messbar ist wie ein rationaler Gedanke, ist mit ihr natürlich sehr sorgfältig umzugehen. Nehmen wir noch einmal das Beispiel der Geständnisse: Wenn ich Strafmilderungsgründe für einen Täter einfließen lasse, dann muss ich sie auch tatsächlich nachvollziehen und glauben können und nicht einfach pragmatisch annehmen, dass der Täter sich ja entschuldigt habe und er deshalb eine geringere Strafe zu bekommen hat. Für ein Lippenbekenntnis hat kein Täter eine Strafmilderung verdient.

Wenn ich aber sehe, dass der Täter zwar den Tod eines Menschen verursacht, es danach aber verstanden hat, einen Täter-Opfer-Ausgleich zu finden, zudem versucht hat, das Leid der Opfer zu mildern, dann sind das tatsächliche Gründe, die ein urteilendes Gericht zur Kenntnis nehmen und in die Strafzumessung Einfluss finden lassen muss.

KAPITEL 15

HAFT-EMPFIND-LICHKEIT – ÜBER-EMPFIND-LICHKEIT?

STRAFMINDERUNG WEGEN BESONDERER HÄRTE

Im Rahmen der Strafzumessung müssen Gerichte auch beachten, wie haftempfindlich jemand ist. Gründe für eine erhöhe Haftempfindlichkeit können unter anderem sein: das Alter des Täters, eine Missbrauchstat, die ein problematisches Verhalten von Mitgefangenen nach sich zieht, oder die Auswirkung auf das zukünftige Leben der Kinder eines Täters. Bei Ausländern können dies zum Beispiel Verständigungsprobleme sein, allerdings nicht bei langjährigem Aufenthalt. Es können aber auch abweichende Lebensgewohnheiten und erschwerte familiäre Kontakte sein.

Beginnen möchte ich aber mit dem Fall eines deutschen Täters. Um vorzugreifen: Bei ihm war der Grund für die Haftempfindlichkeit sein Alter.

FALL 37

Ein zur Tatzeit 63-jähriger Fernfahrer war von seiner 26-jährigen Ehefrau 2008 geschieden worden. Den gemeinsamen Sohn, der nach der Scheidung bei der Mutter lebte, bekam er alle 14 Tage, um sein Umgangsrecht auszuüben. Zwischen August 2008 und Oktober 2008 missbrauchte er den Jungen in der Zeit, in der er bei ihm war, viermal sexuell, einmal sogar schwer. Bei einer erfolgten Hausdurchsuchung wurde umfangreiches kinderpornografisches Material festgestellt.

Der Täter und zugleich Vater des Jungen filmte einen dieser Übergriffe und speicherte diesen Film auf seinem Computer. Diese Bilder fielen einer Onlinefahndung der Kriminalpolizei auf. In der Hauptverhandlung stellte das Gericht fest, dass diese kinderpornografischen Bilder an Ekligkeit und Hässlichkeit nicht zu überbieten seien. Der Täter hatte gestanden.

Die Staatsanwaltschaft forderte eine Haftstrafe von drei Jahren. Zur Erläuterung: Man spricht unter anderem dann von schwerem Kindesmissbrauch, wenn, wie im vorliegenden Fall, der Täter mit dem Kind den Beischlaf vollzieht oder eine sexuelle Handlung an ihm vornimmt, die mit einem Eindringen in den Körper verbunden ist.

DAS URTEIL

Eine zweijährige Bewährungsstrafe, mit der Auflage, an das Kind monatlich 25 Euro bezahlen zu müssen, bis dieses die Volljährigkeit erreicht.

Das Urteil wurde damit begründet, dass der Täter durch sein Geständnis dem damals sechsjährigen Jungen ersparte, noch einmal über die erlittene Pein und Qual vor Gericht sprechen zu müssen. Bei einem Sechsjährigen, der vom eigenen Vater missbraucht wurde, ist dies sicherlich eine Strafzumessungserwägung von erheblichem Gewicht. Die Bewährungsauflage ist der Höhe nach der geringen Rente des Täters geschuldet.

Was jedoch aufhorchen ließ, war die Feststellung, dass der 63-Jährige eine besonders hohe Haftempfindlichkeit wegen seines Alters habe. Das bedeutet: Der Täter wird von der Haft vollständig verschont, weil er aufgrund seines Alters zu sehr darunter leiden würde. Wird in den folgenden Fällen in diesem Kapitel die Haftempfindlichkeit der Täter einen „Rabatt" auf die abzusitzende Strafe bewirken, so verschonte das Gericht in diesem Fall den 63-Jährigen vollständig.

Mir erschließt sich nicht, dass ein 63-Jähriger allein aufgrund dieses Alters besonders haftempfindlich sein soll. Sicherlich hätte man auch darüber nachdenken können, dem Täter nicht die ganze Strafe zu ersparen. Da er nun eine Bewährungsstrafe erhielt, spürt er faktisch nur die 25 Euro, die er monatlich an den Jungen bezahlen muss. Die Prognose, dass das Kind derzeit keine seelischen Schäden erlitten habe, scheint doch sehr mutig. Bleibt zu hoffen, dass sie sich nicht nur als reine Hoffnung ausgibt.

Haftempfindlichkeit für Ausländer ist kein Freifahrtschein

Wie oben schon erwähnt, betrifft die Haftempfindlichkeit oft Ausländer, die in Deutschland straffällig werden. Ich schildere Ihnen im Folgenden dazu einige Beispiele, die zum Teil für heftige Kritik in der Presse gesorgt haben. Die Haftempfindlichkeit ist insgesamt ein schwieriges und sehr umstrittenes Thema.

Vorab muss aber festgestellt werden: Die „Ausländereigenschaft" an sich begründet natürlich keine besondere Strafempfindlichkeit. Dies zeigt beispielsweise ein Urteil, bei dem ich nicht den ganzen Fall erläutern werde, da es mir hier vor allem nur um diesen Aspekt geht.

FALL 38

Ein ausländischer Straftäter wurde verurteilt, die von seinem Anwalt angeführte Haftempfindlichkeit hatte beim Urteil allerdings keine Beachtung gefunden. Der Täter fühlte sich benachteiligt und legte über seinen Anwalt Rechtsmittel gegen diese Entscheidung ein. Er war der Meinung, dass er allein aufgrund seiner Ausländereigenschaft und den damit einhergehenden Sprachproblemen besonders strafempfindlich sei.

Doch das Oberlandesgericht stellte fest, dass der Angeklagte zwar der deutschen Sprache nicht mächtig war, was in diesem Fall aber nicht zu einer besonderen Haftempfindlichkeit führe. Denn das Landgericht hatte zuvor schon ermittelt, dass sich der Bewährungshelfer des Angeklagten bereits darum bemüht hatte, dass dieser an einem von der Volkshochschule angebotenen Deutschkurs teilnehmen konnte. Der Angeklagte hatte diesen

Kurs jedoch nur einige Male besucht und dann eine weitere Teilnahme mit der Begründung abgelehnt, der angebotene wöchentliche Umfang von eineinhalb Stunden sei zu wenig, um die deutsche Sprache zu erlernen. Deshalb brach er den Kurs völlig ab. Und hatte somit seinen „Anspruch" auf Haftempfindlichkeit in den Augen des Gerichtes verwirkt.

Beim nächsten Fall hatte die Haftempfindlichkeit allerdings definitiv Auswirkungen auf das Urteil:

FALL 39

Zu verhandeln war die Anklage gegen einen Täter wegen 80 (!) Einbruchdiebstählen. Der Täter war Ausländer und ausschließlich wegen der Diebstähle nach Deutschland gekommen.

DAS URTEIL
Eine Freiheitsstrafe von zwei Jahren, die zur Bewährung ausgesetzt wurde. Begründung war unter anderem die Haftempfindlichkeit des Täters, da er kein Deutsch konnte.

Mir ist dieser Fall nur aus der Presse bekannt, aber ich kann mich dann doch nur wundern. Warum so milde? Da er nur wegen der Diebstähle nach Deutschland gekommen war, kann über seine Sozialprognose, das heißt über ein erwartetes straffreies Leben in Zukunft, nicht viel bekannt sein. Und wir sprechen hier von immerhin 80 Einbruchdiebstählen.

Ich habe oben schon erwähnt, dass ein Haftempfindlichkeitsgrund auch sein kann, dass ein Täter Angriffe von Mitgefangenen zu befürchten hat, weil er wegen sexuellem Missbrauch verurteilt wurde. Im nächsten Fall geht es unter anderem darum.

FALL 40

Ein aus Afghanistan stammender 22-jähriger Mann überredete einen vierjährigen Jungen, mit ihm in eine Toilettenkabine zu kommen. Dort führte er sein Glied in den Mund des Kindes und ejakulierte dann außerhalb. Draußen hatte er einen zweiten Mann abgestellt, der offensichtlich Schmiere stehen sollte. Im Prozess rühmte er sich, dass er ein Sänger und Superstar sei, bestritt die Tat und zeigte natürlich keine Reue.

URTEIL

Das Gericht verurteilte ihn zu vier Jahre und zwei Monate Freiheitsstrafe wegen schwerem sexuellen Missbrauch.

Der Strafrahmen für schweren sexuellen Missbrauch beträgt zwei Jahre bis zu 15 Jahre Haft. Auf die Frage, warum die Strafe am unteren Ende des Strafrahmens festgestellt wurde, erklärte das Gericht, dass es keine strafschärfenden Gründe wie zum Beispiel Vorstrafen festgestellt habe. Zudem habe eine Strafmilderung vorgelegen, die unter anderem mit der hohen Haftempfindlichkeit des Täters begründet wurde. Der Täter sei jung, könne kein Deutsch und sei bereits in der Untersuchungshaft angegriffen worden. Zudem spräche für ihn, dass die Tat keine schweren Folgen habe, der Junge habe sie gut weggesteckt. Tatsächlich befand sich der Junge zum Zeitpunkt des Urteils aber immer noch in therapeutischer Behandlung.

Drohende Übergriffe für Sexualstraftäter sind Fakt

Die Haftempfindlichkeit bezog sich dabei wie gesagt einerseits auf die fehlenden Deutschkenntnisse, andererseits auf die bereits stattgefundenen und weitere drohende Übergriffe von Mitinsassen. Dass daher die Haftempfindlichkeit offensichtlich intensiv geprüft wurde, ist zu verstehen. Denn solche Angriffe sind in der Realität nicht unüblich.

Strafrechtlern sind diese Umstände bekannt: Sexualstraftäter, unabhängig von ihrer Nationalität, haben oftmals damit zu rechnen, dass sie in der Haftanstalt angegriffen und auch körperlich attackiert werden. Das geht so weit, dass einem Vergewaltiger eines sechsjährigen Mädchens in der Haftanstalt ein mit Maschendraht umwickelter Besenstiel in den Anus gerammt wurde und die Täter ihn auf den Kacheln fast verbluten ließen. Der Mörder eines vier Jahre alten Jungen beispielsweise kann seit seiner Inhaftierung nur in Begleitung von zwei Justizbeamten zum Duschen gehen. Seit zehn Jahren wird er zudem von den anderen Inhaftierten immer wieder mit lauten Trommelschlägen gegen seine Zellentür und dem Ruf „Wir kriegen dich noch" gequält.

Haftempfindlichkeit kann nicht unsere Werte verleugnen

Haftempfindlichkeit kann also durchaus nachvollziehbar sein. Wenn es aber bei ausländischen Intensivtätern um Haftempfindlichkeit wegen mangelnder Sprachkenntnisse oder anderer Lebensgewohnheiten geht, muss differenziert werden.

Ich bin davon überzeugt, dass es gerade heutzutage in Deutschland besonders wichtig ist, Toleranz zu leben, Offenheit zu zeigen, Fremdes anzunehmen und dieses Fremde auch in den Alltag einfließen zu lassen. Es ist das Gebot der Toleranz unseren Mitmenschen gegenüber, das wir zu erfüllen haben.
Was aber ist mit fremden Wertebegriffen, die gegen unsere Gesetze und gegen die Wertvorstellungen unserer Verfassung verstoßen? Ist da nicht die Grenze der uns gebotenen Toleranz erreicht? Es ist an uns, unsere Wertevorstellungen zu bewahren und zu verteidigen, ob das nun Werte wie die Gleichberechtigung der Frau oder die sexuelle Selbstbestimmung gegen Angriffe von außen sind. Und es ist auch Aufgabe der Justiz, dies zu tun.

Deutsche Haftbedingungen

Ohne zynisch sein zu wollen und ohne die Härte herunterspielen zu wollen, die eine Gefängnisstrafe für das Leben eines Täters auch in Deutschland bedeutet, will ich an dieser Stelle auf einen besonderen Umstand hinweisen. Die Haftbedingungen in Deutschland werden, gemessen an Haftbedingungen in anderen Teilen der Welt, als erträglich angesehen. Das ist sogar in der Justiz anerkannt. So bekommt beispielsweise ein Straftäter, der in thailändischer Haft saß, für einen Tag thailändischer Haft in Deutschland zwei Tage angerechnet. Diese Anrechnung geht zum Teil bis zu einem Verhältnis von eins zu drei, wie die Tabelle auf der nächsten Seite zeigt.

Und hier ist doch eine gewisse Diskrepanz feststellbar: Wir erkennen an, dass die deutschen Haftbedingungen im Verhältnis zu anderen Ländern akzeptabel sind, die Haftbedingungen im Ausland sogar dazu führen, dass es in Deutschland eine erhöhte Anrechnung von ausländischen Hafttagen gibt. Wir werten allerdings zum Teil die Haftempfindlichkeit eines ausländischen Straftäters höher, wenn er in eine deutsche Haftanstalt muss. Natürlich leidet ein Häftling darunter, dass er seine Familie nicht sehen kann. Natürlich würde ein ausländischer Straftäter mehr unter der Haft in Deutschland leiden, weil ihn seine Familie aus Entfernungs- und Kostengründen während der Haftzeit vielleicht nicht besuchen kann.

Mangelnde Fairness

Aber in den wenigsten Fällen wird überprüft, wie oft der Straftäter denn seine Familie vor der Tat gesehen oder vielleicht auch seit Jahren nicht gesehen hat, weil er sich überhaupt nicht für sie interessiert. Wir neigen immer wieder dazu, Argumente für einen Straftäter zu werten, die dieser zwar nicht belegen kann, die wir in unseren Urteilen aber auch nicht entkräften können. Dass damit aber ein deutscher Straftäter, der in deutscher Haft sitzt, ungleich behandelt wird, bleibt außen vor. Die Möglichkeit, einen ausländischen Straftäter zu bevorzugen, nehmen wir hin. Verlangen wir aber, dass vor dem Gesetz jeder gleichbehandelt wird, so müssen wir uns einer differenzierteren Betrachtungsweise stellen.

ANRECHNUNG VON HAFTTAGEN IN DEUTSCHLAND

Land	Anrechung Hafttage
Australien	(1 : 2)
Brasilien	(1 : 2; 1 : 2,5)
Dominikanische Republik	(1 : 3)
Ecuador	(1 : 2; 1 : 3)
Estland	(1 : 1; 1 : 2)
Griechenland	(1 : 1,5)
Kamerun	(Einzelfallentscheidung)
Kenia	(Einzelfallentscheidung)
Kolumbien	(Einzelfallentscheidung)
Libanon	(Einzelfallentscheidung)
Mazedonien	(1 : 3)
Marokko	(Einzelfallentscheidung)
Paraguay	(Einzelfallentscheidung)
Portugal	(1 : 2)
Russland	(1 : 1,5)
Schottland	(1 : 1; 1 : 2)
Serbien	(1 : 1,5)
Slowakei	(1 : 2)
Spanien	(1 : 1 bis 1 : 3)
Südafrikanische Union	(Einzelfallentscheidung)
Thailand	(1 : 2)
Türkei	(Einzelfallentscheidung)
Weißrussland	(1 : 2)

KAPITEL 16

UNWISSENHEIT SCHÜTZT VOR STRAFE NICHT

DAS HAT SCHON ALS KIND NICHT FUNKTIONIERT

„Unwissenheit schützt vor Strafe nicht" – das ist ein Grundsatz, den man schon als kleines Kind mit auf den Weg bekommt. Er bedeutet ganz einfach, dass wir für ein Unrecht auch dann bestraft werden können, wenn wir den Unrechtsgehalt unserer Tat nicht kennen.

So bleibt der Diebstahl des Hotelhandtuches ein Diebstahl, auch wenn wir den Wert des fremden Gegenstandes als gering einschätzen. So bleibt eine Beleidigung eine Beleidigung, auch wenn wir den anderen nicht wirklich beleidigen wollten.

Zu dieser Problematik habe ich den Fall eines Tschetschenen gefunden. Vorab will ich aber Folgendes betonen: Ich weiß, dass ich mit diesem Fall eines ausländischen Täters eine Diskussion aufmache, die ich persönlich nur äußerst sachlich führen möchte. Ich werde darauf auch am Ende des Kommentars zu diesem Fall eingehen. Warum ich ihn trotzdem gewählt habe? Weil er juristisch das Thema „Unwissenheit schützt vor Strafe nicht" sehr gut beleuchtet – und zudem noch ein weiteres Problem unserer Justiz aufzeigt, auf das ich ebenfalls später noch eingehen werde. Aber zunächst der Fall:

FALL 41

Der Täter, ein 32-jähriger tschetschenischer Asylbewerber, war der Auffassung, dass seine Frau ihn betrügen würde.
Daraufhin stach er 19-mal mit dem Messer auf seine Frau ein und warf sie danach aus dem Fenster seiner Wohnung im zweiten Stock. Anschließend lief er selbst hinunter und schnitt seiner Frau, deren regungsloser Körper auf einem Fahrradständer lag, mit dem Messer noch viermal die Kehle durch.

DAS URTEIL
Das Gericht erkannte dennoch nicht auf einen Mord, sondern auf einen Totschlag, und verurteilte den Täter zu 13 Jahren Haft.

Die Politik reagierte empört. Sie war der Auffassung, der Täter habe aufgrund seiner religiösen und kulturellen Prägung einen Rabatt bekommen.

Tatsächlich hatte das Gericht in seiner Urteilsbegründung mitgeteilt, dass der Täter seine Frau aus Eifersucht umgebracht habe. Er sei davon ausgegangen, dass sie ihn betrügen würde. Das Gericht stellte aber des Weiteren fest, dass eine solche Eifersuchtstat nach deutschen Wertevorstellungen ein niedriger Beweggrund sei. Allerdings hatten die Richter Zweifel daran, dass der Angeklagte die Niedrigkeit seiner Beweggründe auch kannte. Und aus diesem Grund wurde er eben nicht wegen Mordes, sondern nur wegen Totschlags verurteilt.

Dieses Argument wurde unter anderem auch von einem Professor für Rechtswissenschaften bestätigt. Dieser erklärte nämlich, dass der angestammte Kulturkreis einer Person bei der Begehung einer Tat auch auf deutschem Gebiet durchaus eine größere Rolle spielen müsse.

Auch Unwissenheit sollte bewiesen werden

Der Täter hatte unter anderem aber auch behauptet, der Koran erlaube ihm, seine Frau zu töten. Schon an dieser Auslegung des Korans einerseits, aber auch an der Behauptung, er habe diese Erlaubnis aus dem Koran, gab es in der öffentlichen Diskussion erhebliche Zweifel. Zweifel gab es aber auch daran, dass der Täter wusste, dass in seiner Heimat irgendwann einmal nach dem Koran strafrechtliche Urteile, sogenannte Scharia-Strafen, gefällt worden waren. Denn tatsächlich gilt bereits seit dem Jahr 2000 das Strafrecht der russischen Föderation in Tschetschenien. Und danach darf man seine Frau natürlich nicht töten, wenn sie einen betrügt. War das dem Gericht nicht bekannt? Hat es diesen Umstand überhaupt nachgeprüft?

Wie weit müssen wir gehen?

Ich mache diese Ausführungen nur, um aufzuzeigen, wie weit ein deutsches Gericht glaubt gehen zu müssen, um einen Menschen nach deutschem Recht zu verurteilen, wenn dieser einen anderen kulturellen Hintergrund hat. Offensichtlich wird dabei der Grundsatz „Unwissenheit schützt vor Strafe nicht" das ein oder andere mal negiert.

Nun stellt sich nur die Frage: Müssen wir das? Wenn wir gerade Asylsuchenden eine neue Heimat bieten wollen, bedeutet das dann aber nicht auch, dass wir den Menschen unsere Werteordnung zur Verfügung stellen, die ihnen Schutz vor Vertreibung und Gewalt bietet?

Dann müssen wir doch aber auch darauf achten, dass wir auf die Grundfeste unserer sozialen Ordnung, und dazu gehört die Einhaltung der bestehenden Gesetze, insbesondere die Achtung der persönlichen Integrität des anderen, bestehen.

Und damit verbietet sich das Argument, dass wir, zumindest bei Fällen wie diesem, wenn es darum geht, die Frage zu beurteilen, ob der Täter geglaubt hat, aus Eifersucht seine Frau umbringen zu dürfen, auf dessen ethnischen und kulturellen Hintergrund Rücksicht nehmen.

KAPITEL 17

„ICH HATTE EINE SCHRECK-LICHE KINDHEIT …“

TÄTERLEID IN RELATION ZUM OPFER

Die nächsten Fälle hätten auch zum Kapitel „Wo bleiben die Opfer?“ gepasst. Allerdings scheint mir die Gegenüberstellung des Argumentes der schrecklichen Vergangenheit zu den besonderen Auswirkungen einer Straftat auf die Opfer hier beachtenswert.

Einen Fall, bei dem auch ich ein Trauma aus der Vergangenheit nachvollziehen kann und der ja auch „im Guten“ endete, ist der erste Fall, den ich in Kapitel 4 über Generalprävention geschildert hatte. Es ist der Fall des jungen Mannes, der seine schwangere Freundin angegriffen hatte und dem ein Kriegstrauma bestätigt wurde. Er soll heute glücklich mit dieser Frau und dem gemeinsamen Kind zusammenleben.

Im nachfolgend geschilderten Fall kann ich allerdings das Argument einer schrecklichen Kindheit, die dem Gericht geschildert wurde, nicht nachvollziehen.

FALL 42

Ein 30-jähriger Mann wurde auf dem Nachhauseweg ohne Grund von drei 22-jährigen Männern zusammengeschlagen und darüber hinaus noch gepeinigt.
Mit den Worten „Was guckst du?“ fing alles an. Das Opfer drehte sich um, und schon fielen die drei Provokateure über ihn her. Sie schlugen mit vollen Bierflaschen gegen den Kopf des Opfers und stachen danach mit den Flaschenhälsen auf ihn ein. Die Halsschlagader des Opfers wurde nur knapp verfehlt. Der Richter sprach davon, dass das Opfer nur durch Glück mit dem Leben davongekommen sei. Die erlittenen Verletzungen waren: eine Platzwunde am Kopf, Schnittwunden knapp neben der Halsschlagader, gebrochene Querfortsätze.

DAS URTEIL
Die Täter erhielten für die gemeinschaftliche Körperverletzung jeweils eine Strafe zwischen sechs und neun Monaten, die zur Bewährung ausgesetzt wurde.

Sechs Monate Freiheitsstrafe ist die Mindeststrafe für diese Deliktart, aber nur bei einem minderschweren Fall. Die Höchststrafe liegt bei zehn Jahren. Welche Strafzumessungsgründe müssen hier bei der Beratung des Gerichtes für die Täter gesprochen haben, die die Verletzungen des Opfers in einem solch banalen Licht erscheinen lassen? Und sind Brüche von Querfortsätzen keine schwere Verletzung? Hatte der Richter nicht selbst festgestellt, dass das Opfer nur mit Glück dem Tod entgangen ist?

Ein verlässliches, verständliches und den Folgen der Tat für das Opfer angemessenes Urteil ist in einem solchen Fall kaum möglich, wenn das Argument einer schrecklichen Kindheit der Täter, über die berichtet wurde, in diesem Maße berücksichtigt wird. Denn dann hat diese schreckliche Kindheit offenbar ein deutlich höheres Gewicht als das Leid, dass die Opfer davontragen.

Auch im folgenden Fall hat der Täter sicherlich keine schöne Kindheit gehabt, was auch sicher seine Persönlichkeit beeinflusst hat. Doch nützt ihm Verständnis dafür wirklich?

FALL 43

Der Täter war mehrfach vorbestraft, unter anderem wegen Raub, Körperverletzung, Drogenbesitz, Drogenhandel, Vergewaltigung, Diebstahl, Vandalismus, Landfriedensbruch.
Seit seiner letzten Verurteilung auf Bewährung konnte er allerdings nachweisen, dass er, mittlerweile 20 Jahre alt, eine feste Arbeitsstelle als Lagerist hatte und eine feste Freundin.

Doch nun stand er wieder wegen Raub und Körperverletzung vor Gericht. Er gestand seine neuen Taten. Er hatte einen Passanten geschlagen, Zigaretten von ihm verlangt und ihm das Handy geraubt und außerdem einen 16-Jährigen so verprügelt, dass dieser Platzwunden davontrug. Des Weiteren hatte er drei Diebstähle und Graffitischmierereien zu verantworten.

Der Vater des jungen Mannes war wegen sexuellem Missbrauch ins Gefängnis gewandert und die Mutter hatte das Sorgerecht verloren. Der Täter selbst wuchs ausschließlich in Heimen auf. Drogen und Alkohol waren sein üblicher Begleiter. Den Hauptschulabschluss hatte er erfolgreich absolviert, die Schreinerlehre allerdings kurz vor Abschluss abgebrochen. Wie schon erwähnt, war er zum Zeitpunkt des Urteils in einer Festanstellung.

Aufgrund der offenen Bewährung sah die Staatsanwältin das „Ende der Fahnenstange“ erreicht und beantragte eine Haftstrafe von drei Jahren und vier Monaten.

DAS URTEIL

Das Gericht jedoch folgte der Anregung des Verteidigers und gab noch einmal eine Bewährung. Als Bewährungsauflage wurde bestimmt, dass sich der Angeklagte regelmäßig Suchtberatungsterminen zu unterziehen habe, regelmäßige Drogenkontrollen abzuliefern habe und er einen ständigen Kontakt zu seiner Bewährungshelferin halten müsse.

Ob der junge Mann diese Chance genutzt hat, weiß ich natürlich nicht. Wäre es der Fall, so könnte sich der Richter hinsichtlich seines Urteilsausspruches bestätigt fühlen. Ich will auch nicht verhehlen, dass ich als Verteidiger sicherlich eine ähnliche Strategie geführt hätte wie der Kollege, der den jungen Serben vertreten hat. Und sicherlich hätte auch ich mich über den Ausgang des Verfahrens gefreut.

Aber ist dies nicht wieder ein Urteil, bei dem zu diskutieren ist, ob die Justiz damit Verlässlichkeit und Konsequenz ausstrahlt?

Hätte der junge Täter beispielsweise Drogen für sich gekauft und wäre er deshalb erneut straffällig geworden, so wäre es eine Tat gewesen, deren Folgen allein er zu verantworten gehabt hätte. In diesem Fall aber handelte es sich um Taten, mit denen er bewies, dass er die körperliche Integrität anderer Menschen und ihre Eigentumsrechte, selbst nach mehreren Auftritten vor Gericht, nach wie vor nicht zu achten gelernt hat. Ist seine Kindheit dafür eine Entschuldigung?

Verlangt eine zuverlässige Rechtsprechung nicht, dass angedrohte Konsequenzen auch eintreten, wenn jugendlichen Straftätern schon mehrfach Bewährung gegeben worden ist?

Akzeptanz nur bei Verständlichkeit

Es stimmt übrigens nicht, dass die Bevölkerung immer nach härteren Urteilen ruft oder keinerlei Verständnis für die Lebensumstände eines Täters hat, die seine Tat vielleicht nicht entschuldigen, so doch aber wenigstens ein Stück weit erklären.

Geht es um Körperverletzungsdelikte und man erläutert dem Laien, dass es für eine einfache Körperverletzung eine Geldstrafe geben kann, so habe ich selten Unverständnis gehört. Wenn es um Morddelikte geht und erklärt wird, dass die Höchststrafe dafür in Deutschland eine lebenslange Freiheitsstrafe ist, bei der der Täter im Regelfall nach 15 Jahren die Reststrafe zur Bewährungsaussetzung beantragen kann, findet dies Akzeptanz. Selbst die Höchststrafe für Jugendliche – auch bei Mord – von nur zehn Jahren findet Akzeptanz. Und zwar insbesondere dann wenn man ebenfalls erfährt, dass der oder die Täter echte Reue empfunden haben. Und hier kommen wir zum Unterschied von „Ausrede“ und „Erklärung“. Eine Tat kann erklärt werden, und bereut sie der Täter aufrichtig, wie ich es ja auch schon in Kapitel 14 besprochen habe, kann auch ein milderes Urteil nachvollzogen werden.

Unverständnis finden allerdings die Urteile, die bei Straftaten von großer Rücksichtslosigkeit und Brutalität Freiheitsstrafen unterhalb des mittleren Strafrahmens erhalten. Vor allem, wenn dies mit dem Argument begründet wird, der Täter habe eine schwere Kindheit oder ein Trauma durchlitten. Natürlich müssen solche Umstände Berücksichtigung finden, dies aber immer in einem Rahmen, der in der Relation zum Leid auf der Opferseite steht.

KAPITEL 18

JUSTITIA HAT KEIN GELD

DIE HANDLUNGSFÄHIGKEIT DER JUSTIZ

Man mag es kaum glauben, aber die deutsche Justiz hat nicht die Mittel, die sie benötigt, um ihren Aufgaben voll umfänglich gerecht zu werden.

Lediglich knapp fünf Prozent der Landeshaushaltsausgaben stehen der Justiz zur Verfügung, in manchen Bundesländern noch deutlich weniger.

Es fehlt an allen Ecken und Enden an Stellen. Nicht nur bei den Richtern und Staatsanwälten, es fehlen auch Stellen in der Verwaltung und in den Haftanstalten.

Am 28. Mai 2018 berichtete die *Wirtschaftswoche* in einem Artikel von Tim Kummert darüber, dass die deutsche Justiz kurz vor dem Kollaps stehe. 2017 forderte der Vorsitzende des deutschen Richterbundes öffentlich 2.000 zusätzliche Richter und Staatsanwaltsstellen. Die Verwaltungsgerichte sind durch die Anzahl der Asylanträge für nahezu alle weiteren Verfahren lahmgelegt.

Die Präsidenten der Brandenburger Gerichte schrieben im November 2017 einen Brief an das Justizministerium, in dem sie erklärten, aufgrund der langen Verfahrensdauer mittlerweile Rabatte auf Strafen gewähren zu müssen. Der Vorsitzende des Bayerischen Richtervereines erklärte, dass in Bayern 185 Richter und 222 Staatsanwälte fehlten.

Es ist sicherlich auch kein Zustand, dass Richter 60 bis 70 Stunden pro Woche arbeiten, obwohl es nur 40 Stunden sein sollten.

Mittelmangel beeinflusst Urteile

Und das hat tatsächlich auch Einfluss auf die Urteile. Es ist relativ leicht nachvollziehbar, dass Richter froh sind, wenn die Verfahren nicht allzu lange dauern oder wenn die Verfahren nicht durch eine Revisionsentscheidung wieder zurückkommen oder sie durch eine Rechtsmittelinstanz aufgehoben werden. Dies mögen Gründe sein, die manches Gericht dazu verleitet, sich auf Deals einzulassen, um langwierige Verfahren abzukürzen oder Urteile zu fällen, die Bestand haben können, weil weder die Verteidiger noch die Staatsanwälte dagegen vorgehen. Deals müssen so attraktiv sein, dass ein Verteidiger seinem Mandanten rät, dass Angebotene oder das Ausgehandelte anzunehmen. Und natürlich muss auch die Staatsanwaltschaft ihren Vorteil in einem solchen Deal sehen.

Laut eines Artikels des Onlinemagazins *Legal Tribune Online* vom 16. Juni 2017 kritisierte der damalige Bundesjustizminister den mangelhaften Personalausbau der Justiz. Er warnte, der Richtermangel in den Ländern könne eine Gefahr für die öffentliche Sicherheit darstellen. Dafür wurde er allerdings von den Landesministern heftig gerügt.

Laut des jährlich erscheinende EU-Justizbarometers hat Deutschland zwar den dritthöchsten Ausgabenetat in der EU für seine Justiz. Setzt man allerdings das Bruttoinlandsprodukt gegen die deutschen Ausgaben, so belegt Deutschland nur den sechsten Platz. Das heißt: Effektiv sind wir nicht Dritter, sondern Sechster.

Setzt man sich einmal mit den Realitäten des Justizalltags auseinander, so zeigen sich auch armselige Kleinigkeiten:
Während es in der freien Wirtschaft üblich ist, dass Verhandlungen zumindest bei Kaffee und Gebäck geführt werden, so ist es offensichtlich für jedermann selbstverständlich, dass die Justiz für solche Gespräche weder Wasser noch Brot zur Verfügung stellen will. Wäre es anders, müssten wir wahrscheinlich eine Luxusdebatte führen.
Tatsächlich gibt es mittlerweile Richter, die diesen Zustand für untragbar halten und deshalb auf eigene Kosten den Kaffee und das Gebäck besorgen.

Diese Kosteneinschränkungen der Justiz betreffen aber auch Verfahrenskosten. Will zum Beispiel ein Anwalt im Ermittlungsverfahren mit seinem ausländischen Mandanten kommunizieren, so wird mittlerweile von ihm erwartet, dass er die Dolmetscherkosten selbst verauslagt. Die Justiz sieht sich dazu in der aktuellen Situation nicht mehr in der Lage.

Digitalisierung bleibt auf der Strecke

Eine digitale Kommunikation zwischen Gerichten und Anwälten findet bisher kaum statt, da die Kommunikationsmöglichkeiten dafür nicht eingerichtet sind. Hält man sich das vor Augen, so ist Deutschland diesbezüglich doch weit entfernt von der Spitze. Die elektronische Gerichtskommunikation ist nämlich in Estland, Portugal, Italien, Tschechien, Spanien, Dänemark, Ungarn, Litauen, Schweden und Frankreich mittlerweile schon bei 80 bis 99 Prozent angelangt.

Was die Gerichtskosten betrifft, so sind wir hier in Deutschland allerdings Spitzenreiter in Europa. Die Gebühren für einen Zivilrechtsstreit bei einem Streitwert von über 6.000 Euro liegen in keinem anderen EU-Staat so hoch wie hier.

Ein kleiner Exkurs in den Justizvollzug

Wie stark die Belastung der Justiz in anderen Bereichen ist, zeigt eine Zahl aus dem Justizvollzug, also den Gefängnissen:

Hier haben von rund 4.500 Arbeitnehmern 800 mittlerweile einen Nebenjob, um ihre Lebenshaltungskosten ausreichend erwirtschaften zu können. Und auch ein Blick auf die Zahl der Krankheitstage ist in einigen Vollzugsanstalten besorgniserregend. So weisen zwei bayerische Justizvollzugsanstalten 15 beziehungsweise 26 Krankentage im Durchschnitt je Beamten aus. Was mag der Grund sein? Ist es die Gesundheit, ist es die Psyche oder ist es die Überbelastung? Fakt bleibt auf jeden Fall, dass offensichtlich auch im Justizvollzugsdienst ein Problem besteht.

Und nun zum Schluss auch noch ein Fall, der zeigt, welche Auswirkungen ein verkürztes Verfahren aus Zeit- und Geldmangel auch haben kann.

FALL 44

Ein Mann und seine Frau hatten ein Unternehmen für Pflegeservice gegründet. Von ihren Kunden erhielten sie etwa 2.500 Euro monatlich, um damit Pflegekräfte einzustellen und zu bezahlen. Die Pflegekräfte selbst allerdings, allesamt aus Rumänien, erhielten nur zwischen 500 und 800 Euro monatlich.

Der Schaden errechnet sich hier aus den nicht entrichteten Sozialabgaben und der nicht abgeführten Umsatzsteuer. Die Schadenssumme war mit 1,1 Millionen Euro doch erheblich.

Die Täter legten ein Geständnis ab.

DAS URTEIL
Die Geschäftsführerin des Pflegehilfsdienstes erhielt eine Bewährungsstrafe von zwei Jahren. Lediglich der Ehemann musste für dreieinhalb Jahre in Haft.

Was dieses Urteil mit dem Mittelmangel der Justiz zu tun hat? Ganz einfach: Zunächst war in diesem Verfahren ein Schaden von 1,4 Millionen Euro angeklagt worden. Um sämtliche Beweise für alle angeklagten Taten zu erheben, hätte die Justiz aber mehrere weitere Hauptverhandlungstage anberaumen müssen. Hier muss man wissen, wenn ausländische Zeugen vor Gericht erscheinen müssen, hat die Justiz die Reisekosten zu verauslagen. Und gerade solche Kosten und die erforderlichen Kapazitäten führen oft dazu, dass die Gerichte und die Staatsanwaltschaften mit der Verteidigung einen Deal aushandeln. Im vorliegenden

Fall hat es bei der endgültigen Schadenssumme von 1,1 Millionen Euro offensichtlich einen solchen Deal gegeben.
Nun mag sich der Unmut bei einer solchen vorgeblich rein finanziellen Tat nicht so groß regen wie bei Gewaltverbrechen – wobei es hier immerhin um 300.000 Euro Staatsgelder ging.

Viel schlimmer finde ich aber, dass offensichtlich in diesem Verfahren das tatsächliche Unrecht der Tat wenig Berücksichtigung gefunden hat. Hilfsbedürftigen Menschen, die auf eine Pflege angewiesen sind, wurde vorgegaukelt, dass für ihre Pflege monatlich 2.500 Euro aufgewendet werden müssten – wenn auch natürlich inklusive eines kleinen Gewinnanteils für das Unternehmen. Dass dieses Unternehmen aber lediglich ein Drittel bis ein Viertel dieser Kosten an die Arbeitnehmer weitergab, entspricht einer erheblichen kriminellen Energie, die im Urteil wenig Niederschlag fand.

SCHLUSSWORT

WIE MACHEN WIR WEITER?

In den vergangenen Kapiteln habe ich zahlreiche Fälle aufgeführt, Fälle, bei deren Urteilen wohl nicht nur bei mir der Eindruck von Unrecht bleibt. Fälle, bei denen man auch als Anwalt nicht weiß, wie man das Urteil den Beteiligten erklären soll. Wobei das Unrecht dabei tatsächlich nicht nur die Opfer, sondern manchmal auch die Täter erleiden.

Dieses Unrechtsempfinden, oder besser das Gefühl von Ungerechtigkeit, entsteht vor allem durch eine zu große Spannbreite von Strafen für vergleichbare Fälle, abhängig davon, an welchem Ort in Deutschland und von welchem Richter sie ausgesprochen werden. Und es entsteht ebenso durch Urteile, die in ihrer Strafzumessung ähnlich ausfallen, auch wenn die Folgen für die Opfer sehr unterschiedlich sind.

Bleibt man in der Sprache des Gerichtes, habe ich mit diesem Buch versucht, verständlich anzuklagen, und eine Beweisführung vorgelegt. Ich maße mir nicht an, nun ein Urteil zu fällen, geschweige denn glaube ich, die Macht zu haben, an diesen Umständen etwas zu ändern, außer meinen eigenen Beitrag zu leisten. Ich hoffe aber durch dieses Buch einige Anregungen zum Nachdenken, zum „Darüber-reden" und vielleicht auch zum mittelfristigen Handeln gebracht zu haben. Vor allem liegt mir unsere Haltung Opfern gegenüber am Herzen.

Viele Punkte habe ich schon bei den einzelnen Kapiteln angesprochen, doch ich möchte hier noch einmal die Anliegen, die mir persönlich am wichtigsten erscheinen, zusammenfassen.

Wir brauchen mehr Transparenz bei der Urteilsbegründung. Diskussionen wie beim Berliner Autoraser-Fall zeigen, dass sich die Justiz scheut, in den offenen Dialog einzutreten. Wer aber Unmut ignoriert, lässt ihn gären.

Wir brauchen für die Urteilsfindung detailliertere Regelungen, die es nicht zulassen, dass auf ähnliche Straftaten ein völlig unterschiedliches Strafmaß folgt. Ich habe das mehrfach erwähnt: Urteile müssen verlässlich sein. Das bedeutet, dass man immer zumindest im groben Ansatz weiß, welche Strafe für welche Straftat zu erwarten ist: Ein Schlag mit der Hand ohne weitergehende Verletzungen bedeutet die Tagessatzzahl X. Fällt dem Opfer dabei ein Zahn heraus, sind es 30 Tagessätze mehr. Ist das Opfer so verletzt, dass es einen bleibenden Schaden davonträgt, dann gibt es eben keine Strafe mehr unter zwei Jahren, die auf Bewährung ausgesetzt werden kann.

Ich würde mir aber auch mehr Mut in den einzelnen Instanzen wünschen. Es darf nicht sein, dass Urteile so gefällt werden, dass sie möglichst revisions- oder berufungssicher sind, nur um Zeit- und Geldressourcen zu sparen.

Mit dem Thema Sparen sind wir zudem bei einem ungeheuer wichtigen Punkt angekommen. Der Geldmangel der Justiz führt zu Überlastungen der Staatsanwaltschaften und der Gerichte, zu teils überarbeiteten Richtern bis hin zu überfüllten Vollzugsanstalten und entsprechend unterbezahlten oder überforderten Mitarbeitern im Vollzug, aber auch zu solchen in den Bereichen Bewährung und Therapie.

Und mangelndes Budget führt vor allem zu einer Vielzahl von ungerechten Urteilen oder Urteilsfolgen, wie wir ja in den vorangegangenen Kapiteln gesehen haben. Das beginnt mit der oben genannten Angst der Richter, ein Urteil, das zu sehr von der Forderung des Verteidigers abweicht, könne in Revision gehen.

Es geht weiter über die Verkürzung von Verfahren, wenn beispielsweise Zeugen aus dem Ausland vernommen werden müssen oder eine besonders umfangreiche Beweisaufnahme ansteht. Denn das bedeutet, dass in einfacheren Verfahren, die schnell abgehandelt werden können, teils „harte Urteile" gefällt werden,- hingegen in komplizierten Verfahren, in denen die Beweisaufnahme umfangreich ist und in denen auch gewiefte Fachanwälte für Strafrecht sitzen, sagen wir mal „moderate" Urteile erhalten.

Wie können wir das schaffen? Schaffen wir das durch eine Art Guideline, die einem Bussgeldkatalog ähneln? Oder schaffen wir es, wenn jeder etwas intensiver und gleichzeitig bedächtiger mit den Strafzumessungsregelungen umgehen würde? Ich glaube, beides führt genau auf den richtigen Weg: wenn – auf der Grundlage von genaueren Regelungen – bei Anwaltschaft, Staatsanwaltschaft und den Richtern eine intensive Auseinandersetzung mit der Tat und aller daran Beteiligten stattfindet. Stellt sich eben nur die Frage: Wie schaffen wir das, wenn alle keine Zeit haben? Dann müssen wir – eben die doppelten Haushaltsgelder zur Verfügung stellen. Geld löst sicher nicht alle Probleme der Justiz, sicherlich aber viele.

Ein ganz wichtiges Anliegen ist mir aber auch das der Opfer. Wer sich hier an dieser Stelle vielleicht erneut darüber wundert, warum ausgerechnet ich als Strafverteidiger für die Opfer von Straftaten eintrete, die erst durch Täter wie meine Klienten, zum Opfer werden, dem kann ich nur sagen: Ich habe schon eingangs erwähnt, dass es vor Gericht eben verschiedene Rollen geben muss, um zu einem gerechten Urteil zu kommen. Und meine Rolle als Verteidiger ist es, die Seite des Täters zu vertreten. Das lässt mich aber nicht übersehen, dass Opfer in unserem System und in unserer Gesellschaft oft zu wenig Rückhalt bekommen. In Kapitel 7 „Wo bleiben die Opfer?" bin ich schon ausführlich auf dieses Thema eingegangen. Ich möchte dieses Buch aber auch mit einem Appell an uns als Gesellschaft abschließen.

Wir müssen es schaffen, dass Menschen, die Opfer sind, nicht für die Anerkennung und ihre Rehabilitation kämpfen müssen. Zu mir kommen Menschen, die mich als Nebenkläger engagieren möchten, allzu oft als Bittsteller. „Ich wurde verletzt, können Sie mir bitte helfen?" Viele sagen mir auch: „Ich will kein Opfer sein."

Unsere Gesellschaft muss es schaffen, dass solche Menschen anders angesehen werden. Und das kann uns nur gelingen, indem wir das Selbstbewusstsein dieser Menschen stärken. Und selbstbewusst werde ich dann, wenn ich professionelle Unterstützung bekomme. Und zwar nicht als Bittsteller, der sich erst einmal über seine Rechte informieren, bei seiner Versicherung erklären und dann einen Anwalt suchen muss. Sondern indem jemand zu diesem Menschen kommt und sagt: „Ihnen ist das und das passiert, und dagegen müssen wir einschreiten." Und der dann einen Plan an die Hand bekommt, mit dem was zu tun ist. Das fängt bei Mitarbeitern der Justiz an und geht bis zu den Versicherungen. Gerade auch von dort muss das Signal kommen: „Wir MÜSSEN Sie unterstützen", und nicht: „Schön, dass Sie uns regelmäßig bezahlt haben, aber ist Ihr Fall wirklich so schwer?" Oder noch schlimmer: „Wie hoch ist denn Ihr Anteil an der Schuld?" Es gibt übrigens inzwischen auch Rechtsschutzversicherer, die die Kosten für eine Nebenklage einschließen …

Ich habe dieses Buch mit ein paar Betrachtungen darüber angefangen, dass Recht und Unrecht zu unterscheiden ein schwieriges Feld ist, in dem oft subjektives Empfinden eine Rolle spielt. Das wird sich auch nie ändern. Es ist aber eigentlich gar nicht so schwer, etwas mehr von nicht nur gefühlter Gerechtigkeit in unseren Strafurteilen zu erreichen. Ich würde mich freuen, wenn dieses Buch einen ganz kleinen Teil dazu beiträgt, dass die Diskussion darüber offen geführt und dann auch die eine oder andere Konsequenz ergriffen wird.

IMPRESSUM

Projektleitung: Florian Fischer, Simone Kohl
Lektorat: Stephanie Bräuer
Korrektorat: Susanne Schneider
Umschlaggestaltung und Layout:
independent Medien-Design GmbH, Horst Moser, München
Karten: Volker Grundies
Herstellung: Markus Plötz
Satz: Björn Fremgen, KONTRASTE
Reproduktion: Repro Ludwig, Zell am See
Druck und Bindung: CPI BOOKS, Ulm

ISBN 978-3-8338-6825-2
1. Auflage 2019

Die GU-Homepage finden Sie unter www.gu.de

www.facebook.com/gu.verlag

Karten zu Unterschieden in der Sanktionshärte unter anderem aus:
Grundies, V. (2018). Regionale Unterschiede in der gerichtlichen Sanktionspraxis in der Bundesrepublik Deutschland. Eine empirische Analyse
In: D. Hermann und A. Pöge (Hrsg.): Kriminalsoziolgie. Nomos: 295–315.
Grundies, V. (2016). Gleiches Recht für alle? – Eine empirische Analyse lokaler Unterschiede in der Sanktionspraxis in der Bundesrepublik Deutschland.
In: F. Neubacher and N. Bögelein (Hrsg.): Krise – Kriminalität – Kriminologie. Mönchengladbach, Forum Verlag Godesberg: 511–525.

Wichtiger Hinweis

Die Gedanken, Methoden und Anregungen in diesem Buch stellen die Meinung beziehunhsweise Erfahrung der Autors dar. Sie wurden vom Autor nach bestem Wissen erstellt und mit größtmöglicher Sorgfalt geprüft. Jede Leserin, jeder Leser ist für das eigene Tun und Lassen auch weiterhin selbst verantwortlich. Weder Autor noch Verlag können für eventuelle Nachteile oder Schäden, die aus den im Buch gegebenen praktischen Hinweisen resultieren, eine Haftung übernehmen.

GRÄFE UND UNZER

Ein Unternehmen der
GANSKE VERLAGSGRUPPE